仕事の壁を突破する

蔦屋重三郎 50のメッセージ

時代小説家／江戸文化研究家
車浮代
Kuruma Ukiyo

飛鳥新社

はじめに

「江戸の出版王」蔦重《つたじゅう》が教えてくれる、現代の仕事にも通じる極意

二〇一四年に本書の版元である飛鳥新社から、自身初の小説デビュー作『蔦重の教え』を刊行いただいて、ちょうど十年が経ちました。

その頃は浮世絵や近世文学に詳しい人以外、誰も「蔦屋重三郎《つたやじゅうざぶろう》」の名前を知らず、写楽や歌麿を主人公にした小説に登場することはあっても、蔦重をメインに据《す》えた小説は、他になかったと思います。

私が蔦重を知ったのは、本格的に浮世絵を学び始めてすぐの、今から三十年以上前のことです。

江戸時代を通して1200人いたとされる全浮世絵師中、四天王に挙げられる喜多《きた》川歌麿《がわうたまろ》、東洲斎写楽《とうしゅうさいしゃらく》、葛飾北斎《かつしかほくさい》、歌川広重《うたがわひろしげ》のうち、売れなかった歌麿を再デビューさせて有名にし、一から手がけた写楽で話題をさらい、流派から破門されかけて足掻《あが》いていた、「春朗《しゅんろう》」時代の北斎に手を差し伸べた人物なのですから、遭遇しないわけはありません。

しかも、「悪所《あくしょ》」と呼ばれた吉原遊郭《よしわらゆうかく》に置き去りにされた子どもが、日本橋に進出し、江戸一番の版元になるという、ハリウッド映画並みのサクセスストーリーを持ち、現在の出版界では当たり前に行われているシステムの多く――作家に原稿料を支払う、商品広告を出す、巻末に本の予告を入れる、蔵書目録を掲載する、付録を付ける、など――を始めたのが蔦重だと知り、ますます興味が湧きました。

蔦重の功績の一部を、次のページにざっとまとめてみましたので、ご覧ください。

〜仕事の功績　一例〜

【「会いに行けるアイドル」を生み出した】

江戸で評判の町娘を美人画のモデルにするなどして、アイドルに仕立てた。それによって見世には行列ができるほどになるなど、現代で言う「会いに行けるアイドル」状態にした。

【巧《たく》みな戦略による話題づくり】

たとえば写楽をデビューさせる際は、「謎の絵師」として演出。また黒雲母摺《くろきらずり》（キラキラとした刷り方）で店中を埋め尽くすディスプレイを施すと、作品の奇怪な絵柄と相まって話題を呼んだ。歌麿デビューのときも、あえて名前を伏せ、大物・北尾重政のバーターとして売り出したことで、世間を「これは誰だ？」とざわつかせた。

【確実に儲けるための基盤をつくった】

「時流に乗ったアイディア本で勝負する」という大胆な挑戦の傍らでは、吉原のガイドブックや楽曲本、各種教科書など、確実に利益が見込める本で手堅く稼いだ。

【現代にも通じる出版のビジネスモデルを築いた】

雑誌に付録をつける、新刊予告や蔵書目録を載せる、広告掲載によって収益を得るなど、現代ではおなじみの出版システムの基礎をつくりあげた。また、当時は無料であった原稿料を支払う仕組みをつくったことで、執筆を生業《なりわい》とする「職業作家」を誕生させた。

【幕府からの弾圧を逆手にとった作品を生み出した】

厳格な「寛政の改革」によって、出版物にさまざまな制約を課されるなかでも、知恵を振り絞り、趣向を凝らす。その不屈の精神と、ハンディを華麗に利用した作品たちが、江戸の人々を熱狂させた。

蔦重が成し遂げたこと

【類《たぐい》まれなるプロデュース力を発揮】

出版プロデューサーとして、喜多川歌麿《きたがわうたまろ》、東洲斎写楽《とうしゅうさいしゃらく》、曲亭馬琴《きょくていばきん》、十返舎一九《じっぺんしゃいっく》ら、数々の絵師や作家たちの才能を見出し、大物へと育て上げた。

【大物作家たちを次々にスカウト】

吉原《よしわら》の一介《いっかい》の書店が、出版激戦区・日本橋の名だたる老舗《しにせ》書店を差し置いて、朋誠堂喜三二《ほうせいどうきさんじ》、恋川春町《こいかわはるまち》、大田南畝《おおたなんぽ》、北尾重政《きたおしげまさ》、勝川《かつかわ》春章《しゅんしょう》など、大物作家・絵師たちを自身の書店へと引き入れた。

【小さな貸本屋を一流書店へと成長させた】

生まれ育った場所である遊郭《ゆうかく》、吉原の一角で間借りしながら始めた書店、「耕書堂《こうしょどう》」を、やがて当時の出版激戦区であった日本橋へと進出させ、一流店の仲間入りを果たした。

【江戸出版文化をリード】

常識を打ち破る斬新なアイディアをもとに、浮世絵や狂歌絵本、戯作《げさく》（通俗小説、エッセイ、ハウツー本）など、多くのベストセラー・ヒット作を世に送り出し、江戸出版文化を牽引した。

【遊郭・吉原をV字回復させた】

生まれた町、吉原が廃《すた》れていくのを見かねて、メディアの力を駆使。遊郭を題材にした魅力的な作品づくりや、見世《みせ》（遊女屋）を訪れたくなるような作品づくりに力を尽くすことで、町にかつての華やぎを取り戻させた。

いかがでしょう。「あんなことも！」「こんなことも！」と驚きませんか？

このように、斬新な発想と卓越したビジネスセンスによって江戸の出版界に革命を起こし、たくましく一時代を築いた蔦重は、「江戸のメディア王」「名プロデューサー」などの異名を持ちます。


詳しくは本編に譲りますが、彼が二十三歳で初めて関わった出版物である『吉原《よしわら》細見《さいけん》』（吉原遊郭《よしわらゆうかく》のガイドブック）の逸話だけでも、アイディアマンであり、人たらしであることがうかがえ、以降の人生を追っていくと、地元愛が深く、エンターテイナーでありながら手堅い商売人であり、合理主義で凝り性、反骨精神と不屈の精神があり、人育てが上手くて親孝行など、生きるヒントが盛りだくさんな人物であることがわかりました。

それを「メッセージ」というかたちで、皆さんの日々の仕事に役立つよう体系化して伝えるのが本書です。

◎「仕事の壁」を突破する覚悟と知恵

蔦重は、その人生を通じて、どんなに不利な場面であっても必ず抜け道はあり、立ちはだかる壁を突破していくための打開策はあるのだということを、私たちに教えてくれています。

蔦重の出自は、お世辞にも恵まれているとは言えないものでした。

先にお伝えした通り、生を受けたのは遊郭、吉原でのこと。そして七歳になる前に両親は離婚し、養子に出されます。

はじめは義兄が営む店を間借りして細々と貸本屋を営んでいた彼ですが、やがて、誰もが知る「時代の寵児」への道を、華やかに駆け上がっていくこととなるのです。

出版人としても、蔦重は有利な状況にあったとは決して言えはしないものです。

後ろ盾を持たない彼は、開業当初は十分な資金にも恵まれませんでした。

さらに、「寛政の改革」による弾圧で、作品に使用する色数や題材に厳しい制限がかけられるという、多くの出版人にとって、心が折られるような状況にも見舞われました。

しかしこうした不利な立場に追い込まれても、蔦重は決して怯《ひる》みませんでした。「これがダメだ」と言われれば、「ではこれならどうだ」と、知恵を絞って次々とヒット作を生み出し、望みの薄い状況を覆していったのです。

そして時には、厳しい政治を作品のネタにする強《したた》かさと遊び心を見せながら、知恵と柔軟性を武器に、過酷な環境を軽やかに生き抜きました。

どんな状況も楽しみながら打破していくその姿勢は、四十七歳でこの世を去るまで、衰えることはありませんでした。

便利になった一方で、何かと生きづらさを感じることも多い現代社会。もちろん、江戸時代と大きく環境は違いますが、日々起こり続ける変化に対し、柔軟な対応を求められている点では、一致するのではないでしょうか。

思わしくない状況に直面したとき、それを理由に、夢や目標を諦めることはとても簡単です。

けれど、自分が本当に望む人生があるのなら、知恵を振り絞り、覚悟を決めて、立ちはだかる壁に立ち向かってみてはいかがでしょうか。

「不可能」を「可能」にするのは、はじめから勝ちが見えている状況で成功するより、時にずっと深い幸福と高揚感を与えてくれるものです。

「転んでもただでは起きない」精神のもと、ハンディのある状況すらも華麗に利用し、鮮やかなビジネスモデルを打ち立てた蔦重のやり方は、仕事と人生に生きるヒントを与えてくれることでしょう。

二〇二四年十二月吉日

車浮代

仕事の壁を突破する

蔦屋重三郎 50のメッセージ　目次

第1章　覚悟を決める

第2章 心を配る

第3章 思考力と知恵を磨く

第4章 仕事を愛す

第5章 運を味方につける

3分で振り返る蔦重の軌跡　華麗に成り上がった47年の人生

この本に書かれているメッセージをより深く胸に落とし込んでいただくために、最初に、蔦重とは一体どんな人物だったのかをご紹介したいと思います。

お忙しいビジネスパーソンの方も、最低限これだけ押さえていただくことで、本書でお伝えする蔦重の極意の数々が、よりくっきりとした輪郭を帯びてくるのではないかと思います。

今なお世界中に熱狂的なファンやコレクターを持つ、喜多川歌麿《きたがわうたまろ》、東洲斎写楽《とうしゅうさいしゃらく》、葛飾北斎《かつしかほくさい》、曲亭馬琴《きょくていばきん》、十返舎一九《じっぺんしゃいっく》……日本が誇る偉大なクリエイターたちを次々と見出し、プロデュースして世に送り出したのが、蔦重です。

まばゆい才能を持つ原石たちを次々と発掘し、世に送り出したヒットメーカーであるとともに、版元（出版社＋書店）の辣腕《らつわん》社長でもあった蔦重。当時の日本に彼のことを知らぬ者などいなかったほど、大きな存在感を放っていた、偉大な出版人です。

時代の流れを敏感にとらえながら、豊かな発想力と戦略によって斬新な作品の数々を生み出し、江戸の人々の心をつかみました。

蔦重が生を受けたのは、遊郭として名高い吉原でのことでした（一七五〇年）。一家そろっての幸せな時間は、蔦重が六歳の頃に終わりを告げます。両親は離婚し、彼は吉原で「蔦屋」という茶屋（遊女と客を引き合わせるところ）を営んでいた喜多川《きたがわ》氏の養子となるのです。

こういった生い立ちのなかで、蔦重の突破力の源泉である「覚悟」が、自ずと芽生えていったのかもしれません。

二十三歳になった蔦重は、義兄が営む吉原の茶屋の軒先《のきさき》を間借りし、細々と

「耕書堂《こうしょどう》」という貸本屋を営み始めます。

当初は主に、大手版元であった鱗形屋《うろこがたや》から発行されていた吉原のガイドブック、『吉原細見《よしわらさいけん》』を販売品として取り扱っていましたが、ほどなくしてその編集長に抜擢されると、卓越した編集力とビジネスセンス、細やかな心配りによって、めきめきとその頭角を現していったのです。

そして、二十五歳のときには、自身初めてのプロデュース作品となる『一目千本《ひとめせんぼん》』（非売品）という作品を生み出します。

一見、挿し花（一種類の植物を個性的な花入れに生けたもの）のイラストをまとめたカタログのように見えるこの作品ですが、これは実は、遊女の評判記。ゆりやぼたん、木蓮《もくれん》、ききょう、山葵《わさび》などの花々を、実在の遊女たちに見立てて紹介するという、蔦重のアイディアが光る、粋《いき》で可憐な一冊でした。

この『一目千本』が評判になると、翌年、鱗形屋が盗作の疑いにより細見を刊行できなくなったその隙を突き、蔦屋版の吉原細見である『籬《まがき》の花』を出版します。

わかりやすいレイアウトと内容にこだわったこの細見は、瞬く間に話題を呼んでシェアを広げ、やがて市場独占状態になっていくのです。

さらに、朋誠堂喜三二《ほうせいどうきさんじ》・大田南畝《おおたなんぽ》・恋川春町《こいかわはるまち》・山東京伝《さんとうきょうでん》らの人気作家たちと親交を深め、戯作《げさく》や狂歌本《きょうかぼん》を次々に刊行していきました。

そして起業から十年後、三十四歳のときにはついに日本橋に進出し、耕書堂をオープンします。

当時の日本橋といえば、文化や経済を動かす江戸の中心地。一流の大手老舗《しにせ》版元がひしめきあう、出版激戦区でした。

この地に一代で店を構え、肩を並べたのは、まさに偉業。決して恵まれた出自とは言えなかった蔦重は、異例中の異例とも言える出世を果たしたのです。

そして、狂歌絵本、黄表紙《きびょうし》、洒落本《しゃれぼん》、浮世絵などにおいて、東洲斎写楽や喜多川歌麿ら、無名の新人たちを発掘して次々とヒット作を生み出し、江戸屈指の版元へと成長。当時の出版界においてまさに無双状態となっていきました。

しかしながら、自由でのびやかな風潮であった田沼意次《たぬまおきつぐ》の時代が去り、松平定信《まつだいらさだのぶ》による「寛政の改革」が始まると、ことあるごとに風紀が取り締まられる、厳格な時代へ突入していきます。

贅沢は禁止され、浮世絵版画の色数も制限されるなど、出版物への規制も一層厳しくなっていきました。

この煽《あお》りを受け、蔦重が刊行する本も処罰の対象となり、出版停止などの憂き目に見舞われます。書いた作家はもちろん、蔦重も咎《とが》めを受ける始末です。

このような背景のなか、多くの版元は、商売の大幅な縮小を余儀《よぎ》なくされていきました。

しかし蔦重は、こういった不利な状況ですらも戦略的に利用しました。たとえば「遊女の絵を描いてはいけない」と禁じられれば、「それでは評判の町娘を描こう」と策を練り、結果的に町に「会いに行けるアイドル」を生み出すなど、不屈の精神によって、ハンディを鮮やかに跳ね返していったのです。

不遇な状況をものともせず、むしろそれらを踏み台にヒット作を飛ばす彼の姿は、江戸の人々の心を大いに鼓舞しました。

四十七歳のとき、病によって亡くなる直前に蔦重は、危篤状態のなか、「幕閉じの拍子木《ひょうしぎ》がまだ鳴らないのか」と笑いながら語ったと言います。

人生の終わりを歌舞伎の幕終わりに例えながら、自身で予期していた臨終の時刻を過ぎてもまだ生きていることを、ユーモラスに表現したのです。

これが蔦重の最後の言葉となりました。死の淵《ふち》にあってもなお、洒落《しゃれ》を忘れない心意気が彼の持ち味でした。

既存の枠を次々と打ち破り、新しい価値観を生み出し続けた蔦重。彼が現代日本にもたらした文化的功績は、とても大きなものです。

蔦重が企画した刊行物は、製本の仕様や書籍の内容、さらにはビジネスモデルさえも、それまでの常識を覆すものばかりでした。

現代において、スポンサーを募ってコンテンツを作る、という方法は極めて一般的なビジネスモデルと言えますが、このやり方も蔦重が始めたものです。

また、広告や雑誌についてくる付録など、今では当たり前となっているものの多くが、実は蔦重が捻《ひね》り出したアイディアなのです。

遊郭に生まれ育ち、養子となって、軒先を借りて小さな書店を開いていた青年時代から、やがては出版界のスターダムへ……。誰も思いつかないような仕掛けを次々と生み出し、世の中に素敵なサプライズを与え続けたその人生は華々しく、ドラマティックなもの。

蔦重の類《たぐい》まれなるビジネスセンスは、現代を生きる私たちの心にも鮮やかに響き、深い学びを与えてくれます。

けれど、蔦重の華やかな成功を裏打ちしたのは、彼の実直な仕事ぶりと揺るがない覚悟、そして真摯《しんし》な人間性であったことを、忘れてはなりません。

狂歌師の石川雅望《いしかわまさもち》は、蔦重の人となりを、「意欲的で叡智《えいち》に優れ、細かいことにこだわらず、人に対しては信義をもって接する」と評しています。

日本橋に店を構えたのち、蔦重は両親を呼び寄せ、ともに暮らしたことがわかっています。

仕事、人、そして人生そのものへの愛と情。それを軸に、目標を立て、考え、ひたむきにそこに向かって進んでいれば、自ずと道は開けてくるのだと、蔦重は私たちに語りかけてくれているように思います。

蔦重と関わりのあった人々

蔦屋重三郎《つたやじゅうざぶろう》
版元、編集者
名だたる絵師や作家たちを発掘した、江戸の天才出版人

→ 吉原のガイドブック、『吉原細見《よしわらさいけん》』の序文依頼か？

平賀源内《ひらがげんない》
医者、発明家、戯作者
「日本のダ・ヴィンチ」と呼ばれる、マルチに有能な異才

↓ 発掘・育成・プロデュースなど

喜多川歌麿《きたがわうたまろ》
絵師
繊細な描写力を蔦重に見出された天才絵師

東洲斎写楽《とうしゅうさいしゃらく》
浮世絵師
鮮烈なデビューを遂げた、謎多きスター

葛飾北斎《かつしかほくさい》
絵師
最盛期は蔦重の没後。日本が誇る偉大な絵師

十返舎一九《じっぺんしゃいっく》
戯作者
『東海道中膝栗毛《とうかいどうちゅうひざくりげ》』を生んだ、日本で初めての職業作家

山東京伝《さんとうきょうでん》（北尾政演《きたおまさのぶ》）
戯作者、絵師
絵も文も堪能。我が道を突き進んだ、型破りなヒットメーカー

朋誠堂喜三二《ほうせいどうきさんじ》
戯作者
秋田藩の重役でもあった、異色のエリート作家

恋川春町《こいかわはるまち》
戯作者、挿絵師
「寛政の改革」に散った、悲劇の武家作家

大田南畝《おおたなんぽ》
狂歌師、評論家
たゆまぬ努力で地位を築いた、蔦重のメンター的存在

北尾重政《きたおしげまさ》
絵師
安定した確かな画力で蔦重の出世を支えた

鍬形蕙斎《くわがたけいさい》（北尾政美《きたおまさよし》）
絵師
十代から蔦重に才能を見出され、のちに北斎と人気を二分

曲亭馬琴《きょくていばきん》
戯作者
熱い想いで執筆に命を燃やした、『南総里見《なんそうさとみ》八犬伝《はっけんでん》』の作者

第1章

覚悟を決める

当時、日本の出版文化の発信地は京都でした。そこでベストセラー本が誕生すると、京・大坂の商人たちは、人口増加で百万都市となった江戸（現在の日本橋エリア）を訪れ、流通を広げていきました。

現代では、単行本の価格は一〇〇〇円代のものが一般的ですが、当時のものは、現代価格で五〇〇〇円ほど。時には一万円を超えるものもあるなど、非常に高価なものでした。そこで重宝されたのが、「貸本屋」だったのです。

江戸後期に入った一七七二年、江戸の花街《はなまち》・吉原で書店兼、貸本業を開いたのが蔦重でした。

この頃の江戸といえば、町人文化開花の頃。「株仲間」を制定し、初めて商人から税金をとることを定めた田沼意次《たぬまおきつぐ》の政策の余波《よは》で、賄賂《わいろ》が横行《おうこう》していました。

それ以前の景気苦しい時代を経て、一気に抑圧から解放された人々は、その反動も相まってか、のびのびと自由を謳歌《おうか》します。吉原では武士も町人も入り混じって俳諧《はいかい》などを楽しむほどに、文化水準も高まっていきました。

そんな華の時代に生を受けた蔦重ですが、お世辞にも恵まれた出自とは言えませんでした。両親はともに吉原の使用人。そして蔦重が七歳になる前に二人は離婚し、そのまま蔦重を置いて吉原を去っていきました。

その後蔦重は、吉原内の引手茶屋《ひきてぢゃや》（客を遊女屋へ案内する茶屋）、「蔦屋」を経営していた喜多川氏に引き取られ、養子として下働きを始めます。

二十三歳になると、義兄が営む茶屋の軒先《のきさき》を借りて貸本屋を細々と開店。はじめは大手版元の鱗形屋《うろこがたや》が発行する吉原のガイドブック、『吉原細見《よしわらさいけん》』の販売と、「好色本《こうしょくぼん》」と呼ばれるアダルト本をメインとする貸本業を行っていました。

武士から一般の人たちまで、多種多様な人たちが出入りする吉原。そこの茶屋には、日々多くの成功者たちが訪れます。その中に身を置くうち、いつしか「自分も何かを成し遂げたい！」と、彼の立身出世《りっしんしゅっせ》欲に火がついていきます。

親もいなければ後ろ盾もない。それでも自分は、この吉原で生き抜いていく。そんな覚悟を決めたところから、蔦重の伝説が始まります。

Tsutaju's Message 01

自分に何ができるのか、わからないあなたへ

人様に与えられる「天分《てんぶん》」は、探せばきっと見つかる

誰もが何かしらの才能を持っています。才能のない人など、この世にいません。

けれど、自分がどんな仕事に向いているのかは、意外にもわからないもの。「自分の得意なことってなんだろう？」と悩んだ経験は、誰しもあることでしょう。

「天分」とは、「天が与えてくれた才や役割」を意味する言葉ですが、もっと言うと、「自分が世の中に貢献できる、得意な何か」のことです。

ビジネスで抜きん出た結果を残したい、自分にしかできないことで世の中をよくしたい、人々をあっと言わせてみたい。そんなふうに思ったのなら、この天分を知ることは最重要課題です。

「自分の強みはなんだろう？」と、まるで自分の棚卸《たなおろし》をするようなつもりで徹底的に考え抜いたその先に、見出せるものなのです。

二十三歳のときに、義兄が営む吉原の茶屋の軒先《のきさき》で貸本屋を始めた蔦重は、ほどなくして、鱗形屋孫兵衛《うろこがたやまごべえ》が発行する『吉原細見《よしわらさいけん》』、つまり吉原のガイドブックの編集を任されます。細見は吉原に遊びに来るお客たちにとっては大事な情報源。妓楼《ぎろう》（遊女屋）と遊女の名前や位付《くらいづ》け、料金など諸々の情報が、細かく記されているものでした。江戸の巨大歓楽街として君臨した吉原には、時の権力者たちも多く訪れ、全盛期は「一日に千両が落ちる場所」とまで言われました。細見の編集長になるということは、「江戸の華」の顔になるということです。

親も学もない自分がそんな大役を任されるなど、蔦重にとっては青天の霹靂《へきれき》だったことでしょう。しかし、蔦重には、吉原生まれ吉原育ちであるという、大きな強みがありました。

その頃の吉原は、ほかの岡場所《おかばしょ》（幕府の許可のない歓楽街）にお客が流れて空き地が目立ち始め、遊女の数も減っていました。吉原全盛期を間近で見てきた蔦重にとって、自分の町が廃《すた》れていく状況は、寂しさと焦燥感を感じるものだったのです。

吉原のすべてを熟知していること、そして、さびれゆく地元を復興させたいという強い想い……これが、誰にも負けない蔦重の「天分」発見のきっかけとなりました。それが客のニーズに徹底的に寄り添った細見刊行へとつながっていきます。

吉原は人の出入りが激しい場所であったにも関わらず、鱗形屋がそれまで販売していた細見には、更新されることなく古い情報が残されていました。

初めて吉原に足を踏み入れる客にとって必需品だった細見は、放っておいても自然と売れていくものでした。鱗形屋は、そこに慢心《まんしん》してしまっていたのでしょう。

そこで蔦重は、店舗や遊女の情報をアップデートし、精度の高いガイドへと昇華《しょうか》。さらには発明家や作家として名高い平賀源内《ひらがげんない》に序文《じょぶん》を担当してもらうという、江戸中がひっくり返るほどのサプライズまでやってのけたと言われています。

こうした工夫が功を奏し、結果的に細見は信用を取り戻すことに成功します。人々の喜ぶ顔を前に、本作りの面白さに目覚めた蔦重は、己《おのれ》の天分に気づいたのです。

どんな人にも、必ず自分だけの強みがあります。それがまだ見つからないという人は、自分を深く見つめてみてください。**自分の胸が熱くなることは何だろう?** まずはそんなふうに自分に問いかけてみることで、目の前の景色は変わっていくはずです。

Tsutaju's Message *02*

自信がないあなたへ

とにかく動けば、それは「経験」になる。「経験」がやがて自信に変わる

「自信がない」と人はよく言います。けれど、はじめから自信など持つことのほうが、難しいのではないでしょうか。

自信がついてから動こうとしては遅いのです。やらないで自信がつくことなどありえません。

自信がないからこそ、動いてみるのです。自信など持てないなかでも、学び、人と会い、何かを生み出し、時には失敗もしてみる。その積み重ねが経験となり、いつしか自信につながるのです。

元来、前向きな人柄だった蔦重でしたが、無名の貸本屋であった時代に、十分な自信を持っていたとは考えにくいでしょう。だからこそ勉強を重ね、行動し、人と会い、チャレンジをし続けたのです。

鱗形屋《うろこがたや》の細見《さいけん》の編集を任されたことで出版熱に火がついたのか、次に蔦重は、遊女たちを挿し花にたとえた画集、『一目千本《ひとめせんぼん》』という贈答用（非売品）の本を作ります。

これはいわば、遊女の評判記《ひょうばんき》。「朝顔は可愛らしくて健気《けなげ》な遊女」「水仙は凛《りん》として華やかな遊女」というように、遊女のイメージとリンクする挿し花の絵を集めた、可憐な一冊です。絵師に人物画をオーダーするほどの資金はまだなかったものの、流行中の挿し花の本なら、経費をかけずに出版できるのではないかという、蔦重の発想から生まれた作品でした。

挿し花の絵を手掛けたのは、当時、第一線で活躍していた浮世絵師・北尾重政《きたおしげまさ》。吉原の一介《いっかい》の貸本屋の、たかだか二十四、五歳の若造が依頼するには、あまりにも畏《おそ》れ多い相手です。

けれど、ここで**「どうせ自分なんて相手にされないだろう」と怯《ひる》んだりはしないのが蔦重**でした。殿様や大商人も御用達《ごようたし》の吉原に広げていた強靭なネットワークを生かし、物怖《ものお》じせずにアプローチしたことで、重政に挿絵を手がけさせるという、大技《おおわざ》を成し遂げたのです。

そして、この『一目千本』が評判になったことで勢いづくと、一七七五年、盗作事件を起こした鱗形屋が細見を刊行できなくなったその隙を突き、自ら版元株《はんもとかぶ》を手に入れ（株がなければ商業出版ができなかったため）、蔦屋版の吉原細見である『籬《まがき》の花』を出版します。こうして蔦重は版元となり、書店主だけでなく、出版人としてのキャリアもスタートさせたのです。

多くの藩士らが集う情報交換の場だった吉原は、愛憎渦巻《あいぞううずま》く不夜城であったと同時に、武士の教養と吉原の町文化とが交流する場でもあり、その文化水準はとても高いものでした。

経験の乏しい蔦重は、「吉原の版元」の名に恥じぬよう、あらゆる書物を読み漁《あさ》って知識を蓄え、流行の狂歌《きょうか》（和歌をベースにユーモアや滑稽《こっけい》さを盛り込んだ短歌）を学び、吉原に遊びに来る武士や知識人たちとの交流に備えました。彼らとの交流は、のちに著者の確保につながり、やがて出版の可能性を大きく広げることになっていきます。


経験を積むほどに出会いが生まれ、出会いが生まれるからこそ、また次の経験に踏み込めるもの。そうして積み重ねた経験はやがて「実績」となり、「自信」へとつながっていきます。

自信とは、歩んだ道のりの中で蓄積されていきます。だからこそ、**「自分はまだまだ」と思うときこそ、動くのです。**その手で力強く、自信をつかみにいくために。

Tsutaju's Message 03

悔しい気持ちを抱くあなたへ

「嫌なことは忘れる」は逃げ道だ。心に刻みつけたほうが飛躍できる

蔦重は養子です。あえて言葉を選ばずに言えば、両親に置き去りにされた子どもです。**幼くして後ろ盾を失ったのち、厳しい環境の中で、自分の居場所を模索し続けてきた人**なのです。

養子先の喜多川《きたがわ》家では可愛がられてはいたかもしれませんが、布団の上げ下げから掃除、接客と、何でもやらされる下働きの日々。さらに、義兄は店主として店を任されているなか、自分はただ軒先の小さなスペースを間借りさせてもらうだけ……。

どんなに仲のよい家族だったとしても、「養子である自分」と「実子である兄」との扱いの違いを、感じなかったわけはありません。育ててくれていることへの感謝はあるにせよ、日々その歴然とした格差を見せつけられ、悔しさをにじませていたであろうことは、想像に難くないはずです。

「このままでは終われない」
「自分を置いていった両親に、自分の存在を知ってほしい」

そんな悔しさがいつのまにか、蔦重の心に火を宿していたのです。

辛い生い立ちは、のちに類《たぐい》まれなる立身出世《りっしんしゅっせ》を果たすことになる、蔦重のモチベーションの一つとなっていきました。


誰もがきっと、多かれ少なかれ、悔しい想いをした経験があることでしょう。

仕事の場でも、日々、不条理なことは発生します。ハラスメントの被害に遭う、特定の人から虐《しいた》げられ、正当な評価を受けられない、露骨な嫌がらせやマウントに苦しめられる、アイディアを盗まれる……「こんなことがまかり通っていいの？」と愕然《がくぜん》とするような、理不尽な目に遭ったという方も、きっと少なくないはずです。

悲しいことに、どんなに辛く、悔しい経験をしたとしても、私たちは明日への歩みを止めることはできません。

それならばいっそのこと、**蔦重のように、その悔しさを原動力として、華麗に利用させてもらいましょう。**

蔦重は憂《う》き目に遭うたびに、「畜生！　今に見てろ！」という気迫で知恵を振り絞り、力強く乗り越えてきました。もし蔦重が恵まれた環境のなかで生まれていたとしたら、出版界の覇者《はしゃ》になることはなかったのかもしれません。

許せないことがあったときは、その感情を胸に刻みつけておきましょう。「嫌なことは忘れる」は逃げ道です。そこでふて腐《くさ》れるか、バネにするかで人生は大きく分かれます。

辛く、みじめで悔しい想いは、平常時の何倍ものエネルギーを自分にもたらしてくれるものです。その負のエネルギーが臨界点に達したとき、すさまじい威力を発揮します。

心が強い人というのは、「心の立て直し方を知っている人」です。そういう人は、経験はなににものにも変え難い財産であることを理解しています。悔しい想いや失敗すらも、モチベーションに変えていくことができるでしょう。

そのようにしていれば、いつか必ず、「あの経験も悪くなかった」と、心から思える日が訪れることでしょう。

Tsutaju's Message 04

飛び抜けた結果を出したいあなたへ

「隣の誰かに勝つか、負けるか」を絶対に気にするな

「誰もやらないことをやる」「常に高みを目指す」。これは蔦重が大切にしていた信条です。

蔦重が目指していたのは、新しい価値観を生み出し、世の中をあっと言わせること。そこには、「誰かと自分を比べる」という概念はなく、**決して「人との比較」という土俵には上がりませんでした。**なぜなら彼にとって、「隣の誰かに勝つか、負けるか」ということなど、あまりにも小さすぎる問題だったからです。

蔦重がタッグを組んだ盟友のひとりに、戯作者《げさくしゃ》の山東京伝《さんとうきょうでん》がいます。鮮烈な個性でことごとく常識を打ち破った京伝は、数多《あまた》の名作を生み出したヒットメーカー。特に、吉原へと遊びに向かう、泥酔した三人組の男を描いた『通言総籬《つうげんそうまがき》』は「洒落本の頂点」として名高い一冊です。

その後、京伝は寛政の改革による出版規制に触れたことで、手錠をかけられて自宅に謹慎となる「手鎖五十日《てじょう》」の処罰を受け、蔦重も「身上半減《しんじょうはんげん》」という、財産を半分没収されるという刑を科されます。

刑が明けたのち、本来であれば自粛すべき状況下であっても、蔦重は京伝に筆を執らせ続けます。そして今度はなんと、浦島太郎が鯉《こい》と交わる物語を書かせたのです。この『箱入娘面屋人魚《はこいりむすめめんやにんぎょう》』は、浦島太郎が乙姫の目を盗んで鯉の遊女と浮気をし、それによって生まれた人魚が人間と出会い、結婚後、やがて遊郭に売られる……という、なんとも突飛《とっぴ》なダークファンタジー。本書の序文で蔦重は『まじめなる口上』として自身の絵姿を描かせ、復活宣言をします。

当時、処罰を受けた大抵《たいてい》の版元は自粛気味になり、作品の幅を狭めていきました。それに反し蔦重は、その風潮に抗《あらが》うかのように、一層、クリエイティビティの翼をはためかせ、世の中を驚かせていったのです。

プロデュース力において、蔦重に匹敵する版元がいなかったのは、「誰も考えつかないようなものを生み出すこと」を目指し、ひたすら前を向いて突き進んでいたからです。

もっと遠く、遥か彼方に辿り着きたい。そんな思いでひた走っているときに、横にいる誰かと比べ、優劣をつけている暇などなかったのでしょう。

生活を送るなかで、ついつい誰かと比べてしまうのは自然なことだと思います。仕事の成果や年収、プライベートの充実度……比べようとすれば、いくらでもその要素は転がっています。

けれどそこで、**「自分の人生にひたすら集中する」という覚悟**を持ってみませんか？あるいはどうしても比べてしまうときは、どうせなら、思いっきり大きなスケールで比べてみましょう。

成功する人というのは、必ず物事を広い視野で見つめています。比べる土俵は、単なる個人のレベルではなく、トップクラスの成功者や業界全体、あるいは日本中、世界中……そんな大きなスケールで何かと対峙《たいじ》しているのです。だからこそ、世の中に新たな息吹を吹き込むことができるのでしょう。

大切なのは、「比べる場所を選ぶ」ということ。比べる基準を狭く設定していると、ただ感情に振り回されるばかりです。思い切って壮大なスケールで考えてみれば、やるべきことに集中し、毅然《きぜん》と自分を磨いていけるはずです。

Tsutaju's Message 05

足を引っ張られたと感じたら

転ばされたら、何かしら、つかんで立ち上がる。100倍にして取り返せ

「まったくありがてえもんだ、出る杭は打たれるってな。つまりうちが江戸で頭一つ抜けた版元だってお墨付きをもらえたってことだ」。

これは、映画『ＨＯＫＵＳＡＩ』の中で、阿部寛さん演じる蔦重が、「寛政の改革」の最中《さなか》に藩から目をつけられ、次々に制約を課されていくなかで発した一言です。

松平定信による「寛政の改革」以前の蔦重は、次から次へと斬新なアイディアによるヒット作を世に送り出し、まさに飛ぶ鳥を落とす勢いでした。

江戸の人々は、蔦重の次回作を今か今かと待ち焦がれている状態。「こんなにも人々を熱狂させるとは、メディアの力はなんて偉大なんだ！」と、彼自身もその影響力の強さを噛みしめていたに違いありません。

しかしながら、寛政の改革が始まると、風紀の取り締まりや、出版物の規制の機運はどんどん高まっていきます。型破りな発想力によって出版界で強い存在感を放っていた蔦重も、次々に制定される禁令に、息苦しさを感じたことでしょう。

けれど蔦重は、そこで幕府の思惑《おもわく》通りにおとなしくなるような男ではありません。

不本意にも抑圧されるのなら、その状況すらも肥やしにしてやる。そんな気概《きがい》で、ますます作品づくりに魂を燃やすようになりました。

朋誠堂喜三二《ほうせいどうきさんじ》の黄表紙《きびょうし》（ストーリー性の高い、大人向けの絵本）、『文武二道万石通《ぶんぶにどうまんごくどおし》』は、まさにそのような心情のなかで生み出した作品と言えるでしょう。

これは源頼朝とその家臣を中心に繰り広げられる、鎌倉時代が舞台の物語。しかしながら、教養を持たず、風流を理解しない権力者が、気に食わない武士たちを一方的に処罰していく様子は、松平定信を揶揄《やゆ》したものであることは明らかでした。

禁欲的な世の中に息苦しさを感じていた江戸庶民たちは、その気持ちを代弁してくれるこの物語を絶賛しました。けれど、誰が見ても定信を批判しているとわかるこの作品を、幕府は当然、問題視します。喜三二は厳しく叱責され、黄表紙の世界から身を引くこととなったのです。

当然のことながら、蔦重もロックオンされます。幕府はこの頃から、露骨《ろこつ》に蔦重をターゲットにした掟《おきて》を定め、それによって彼を追い詰めていこうとしましたが、当の本人はまったく意に介しませんでした。

むしろ、政権側から目の敵《かたき》にされ、厳しく取り締まられるほどに、ますます燃えていったのです。もはやトンチ合戦さながらに、「これがダメなら、じゃあ次はどうする?」と、巧みに抜け道を探っていきました。

制圧に対し、真正面から戦いに挑む蔦重の姿は、日々倹約を強いられ、窮屈な思いをしていた江戸っ子たちにとって、心躍る最高のエンターテインメントだったことでしょう。両者の戦いが激化するほどに、「蔦重は次なにをやってくれるんだ⁉」「蔦重はただじゃ転ばねぇ!」と、江戸っ子たちは次の一手を楽しみにするようになり、さらに熱く蔦重を応援していったのです。

誰しも生きていくなかで、不条理な出来事に遭遇することはあるものです。そんなときはその境遇を嘆いたり、恨み言を口にしたりするだけで終わらせず、**その状況を逆手にとってやる、というくらいの図太さを持ってみてください。転ばされた分は100倍にして取り返す**。その精神こそまさに、「自分の人生を生きるんだ」と腹を括《くく》った人間が持てるものなのです。

Tsutaju's Message 06

挑戦することに怖気《おじけ》づいてしまうとき

やらない理由を探すのは自分の道を塞《ふさ》ぐということ

「やりもしねえで、知ったようなことをぬかすんじゃねえ」。

これは、私が以前上梓《じょうし》した時代小説、『蔦重の教え』（飛鳥新社／双葉文庫）のなかで、蔦重が発した台詞です。

蔦重は、これから売り出していこうという新人作家を、あえて重要な会合などの場に同席させるようにしていました。

大事な客の席で失言されたり、粗相《そそう》があったりしたら、困るのは蔦重です。普通に考えれば、そのようなリスクはとらないのが安全でしょう。

けれども蔦重は、危険を冒してまでも、若きクリエイターたちにさまざまなことを肌で覚えさせ、経験を積ませることを大事にしていたのです。まさに「獅子千尋《ししせんじん》の谷」を地でいく人でした。

何かに踏み出そうか迷ったとき、やらない理由を探すのはとても簡単です。なんだか大変そうだから、自分には向いてなさそうだから、まだ準備が整っていないから……挑戦しないための口上は、いくらでも湧いてくるものです。

でも四の五の言わず、そこを思い切って飛び越えて、まずはやってみる。**どんなことでも、とにかく飛び込んでみないことには、物事の本質に近づくことはできません。**

蔦重自身、とても軽やかにさまざまなことに着手した「経験主義」の人です。

蔦重というと、編集人、プロデューサーの印象が強いかと思いますが、自らも作者として狂歌を詠んだりもしていました。これは、いずれ狂歌本を出版するため、狂歌を詠む人たちとの距離を縮めようという意図によるものでしたが、旺盛な挑戦心がなければできることではありません。


知らないことに挑戦するということは、新しい景色を見られるということ。そして新しい自分と出会うということです。

一つのことを知っていくほどに、新たな課題も見えてくるもの。さらにそれを掘り下げていくという経験の積み重ねが、自分の人生の地盤を固めていきます。

何のチャレンジもしないうちは、いわば地盤が緩んだ状態。ですから、自分の心も揺らぎやすくなりますし、説得力もありません。

誰もが何かしらの才能を持っているのに、たった一歩を踏み出せずに埋もれてしまうのはとてももったいないこと。環境を変えるのは勇気のいることですが、コンフォートゾーン（心理的安全領域）の殻を打ち破らなければ、やがて感性も、日々も錆《さ》びついていってしまいます。

今見えている世界の、もう少し向こう側に目をやってみてはいかがでしょうか。

人生を賭けてもいいと思える仕事との出会いや夢は、人との縁や、出向いた先の縁の中に待っているものです。

人生はたった一度きり。そして人はあなたの人生に、責任なんて持ちません。だからこそ、自らにたくさんの経験をプレゼントしながら道を切り開いていくのです。

仮に、挑戦したことがうまくいかなくてもよいのです。その経験は、知恵という財産となって、いつかあなたを救います。

経験は絶対に、あなたを裏切らないのです。

Tsutaju's Message 07

人脈がほしいあなたへ

必死に出会いを探すより、人生を変える出会いがいつ訪れても困らない自分でいる

蔦重というと、「無名の新人を発掘し、のちに世界に名を轟《とどろ》かせる大物へと育て上げた」という、プロデューサー的な印象が強いと思います。

けれど蔦重は、すでに名を馳《は》せていた「時の人」にアプローチし、仕事を取り付けるということもまた得意としていました。今を時めく大物作家や芸能人に、「本を書きませんか」「雑誌に出ませんか」とオファーし、商談を成立させた……というイメージを持っていただくと、わかりやすいかと思います。

『吉原細見《よしわらさいけん》』の序文を、当時すでに著名であった平賀源内《ひらがげんない》に依頼し、見事、執筆へと漕ぎつけたであろうことはすでにお話ししましたが、ここでもう少し、その経緯をお話ししましょう。

平賀源内はその頃、浄瑠璃《じょうるり》作家として人気を博すほか、医学者、そして静電気の発電装置であるエレキテルを図面なしで復元するなど、発明家としても確かな地位を築いていました。その発明の域は科学の分野に留まらず、浮世絵の世界にも及んでいました。

当時、裕福な商人と知識人である武士たちが集い、俳句や短歌、狂歌などの趣味を楽しむ、「連《れん》」と呼ばれるサークル活動が盛んに行われていました。

それぞれの連は毎年、「絵暦《えごよみ》」と呼ばれる、絵が入った一枚もののカレンダーをオリジナルで作っていました。これを交換する「絵暦交換会」なるものが流行るようになると、やがてどの連の絵暦が最も優れているか、優劣を競うこととなっていきます。

こういったなかで、絵具、紙、重ね摺《ず》りなどの技術が研究され、それまで二〜三色で摺っていた浮世絵が、フルカラーの多色摺《たしょくず》りへと一気に進化していったのです。

この多色摺りの浮世絵の開発に関わったうちの一人が平賀源内で、これらの浮世絵は、錦織のように美しいことから「錦絵《にしきえ》」と名付けられ、人々を魅了しました。

蔦重にとって源内は、錦絵を開発した憧れの存在。だからこそ、いつか一緒に仕事がしたいと切望していました。そして、鱗形屋版《うろこがたやばん》の細見の編集長を任されたとき、思い切って源内にオファーをして序文を書いてもらい、結果的に細見を大繁盛へと導いたのだと考えられます。

この細見の成功を皮切りに、蔦重は江戸のメディア王へと続く道をひた走っていくこととなります。源内との出会いは、蔦重にとってまさに運命を変えるものでした。

日々自分のやるべきことに力を注いでいれば、会いたい人に会うチャンスは、意外にも簡単に巡ってくるものです。

そんな瞬間を楽しみに想像しながら、日々、コツコツと自分を磨いておきましょう。そうすれば毎日に張り合いが出てきますし、いざというときには、積み重ねてきたものが自信となって、自分の背中を押してくれます。蔦重もきっと、源内と対等に仕事ができる自分になるために、あらゆることを勉強し、努力を重ねたに違いありません。

日頃、丁寧に自分を高めてきた。そんな自負があるからこそ、ここぞのときにチャンスに飛び込み、運命をつかむことができます。これは仕事だけでなく、恋愛にも言えることなのかもしれません。

Tsutaju's Message 08

控えめで損することが多いあなたへ

唯一無二《オンリーワン》になれるのは
てっぺん《ナンバーワン》を目指した人だけ

少し前に、「人はみなそれぞれ特別な存在なのだから、ナンバーワンを目指さなくていい」という歌が大流行しましたね。

この歌自体はとても素敵な作品ですが、当時、残念に感じてしまったのは、「もともと自分は素晴らしい存在なのだから、努力なんてしなくていいんだ」という考え方が横行してしまったことです。

いかなるときも、徹底してナンバーワンを目指していた蔦重が、戦いから目を逸《そ》らしたことは一度もありません。

どうやったら誰より人々を喜ばせられるか。どうやったら幕府に禁令を課せられるなかで、グレードの高い出版物が作れるか。どうやったら日本一のヒットメーカーになれるか。彼の頭の中はいつも、そんな健やかな闘争心で満ちていたことでしょう。

人と比べ、優劣をつけることは賢明ではありません。けれど、**「勝ちたい」という強い想いは、確かなエネルギーとなって心に火をつけてくれます。**

たとえば先にも出てきた、現代日本の印刷産業のルーツとなっている、江戸時代の木版画《もくはんが》技術による「錦絵《にしきえ》」。この多色摺《たしょくず》りの浮世絵版画は、モネやゴッホ、ピカソ、ドビュッシーといった海外の芸術家たちに多大な影響を与えた、日本が誇る芸術文化です。

一ミリ以下という超微細なレベルで彫り出される精巧なテクニックは、当時のパリ画壇に衝撃を与えました。その技術は、彫師《ほりし》の少ない現代においては、もはや再現が難しいと言われるほどです。

江戸時代、版画の技術がこれだけ高度なものへと進化していったのは、多くの職人たちがいたことで、切磋琢磨《せっさたくま》し、競い合う環境が必然的につくられていったからだと考えられるでしょう。

ちなみに、日本料理のレベルが飛躍的に伸びていったのも、競い合って順位をつける「番付《ばんづけ》」ブームが起きてから。このように、**「負けたくない」「勝ちたい」という思いは、ほかのどの感情よりも、強固なパワーを授けてくれるもの**です。

蔦重自身も、出版激戦区である日本橋に出店した際、ライバルたちがひしめき合うなかで、どのように自分の店を発展させていくのか、闘争心を燃やしながら、大いに知恵を絞ったことでしょう。

競合が多いということは、それだけ求められるレベルも高くなるということ。トレンドもいちはやくつかまなければ、二番煎じになってしまいます。蔦重は以前にも増して、時流をとらえるために目を鋭く光らせたことでしょう。そのようにしてナンバーワンを目指した先に、大勢の人の笑顔が待っていたのです。

ライバルの多い舞台に投げ込まれたのだとしても、怯《ひる》まず、「これはチャンスだ」と喜んでください。武者震いできるようになったら一人前。そこには、必然的に自分を進化させてくれるための土壌《どじょう》が整っているということなのですから。

蔦重は、**「本気で闘うこと」の幸せ**を誰よりも知っていた人です。

本気でナンバーワンを目指した結果、仮に一番になれなかったとしても、そこには「あなただからこそ成し得た仕事」が残ります。

オンリーワンとは、ナンバーワンを目指した人だけに与えられる称号なのです。

Tsutaju's Message 09

今、何かに力を注いでいるあなたへ

「いつか空高く飛んで
上から町を見下ろすんだ。
大きな鳥になって」

小説『蔦重の教え』のなかに、

「俺はよ、出版の可能性をもっともっと広げてえんだ。冬んなって、富士山のてっぺんから裾野《すその》に向かって、だんだんと雪化粧が降ってくみてえによ。それには、読んだり観たりする側の人間を増やさなきゃなんねぇ。小難しい本ばかりじゃなく、女子供や、字が読めねぇ奴らにも楽しめるモンも作らねえとな」

「そしていつか、人に飼われることもなく、人様の食べ物を横取りするでもなく、天敵もいない鷲《わし》になって、空からこの世の中を眺めてみたいんだ」

という蔦重の台詞が出てきます。

なんと壮大な夢を思い描いていたのでしょうか。

蔦重は、大きな未来を鮮やかに思い描き、そこに行きつくまでの道を、一歩一歩、踏みしめて歩んだ人です。

彼には、自分自身に課した「全盛期の吉原復活」という大きな使命がありました。

その頃の吉原は、うら寂しい状況でした。長きにわたって街を潤してきた上級武士や豪商たちもいつしか遠のき、客は別の場所にある安い湯屋《ゆや》や岡場所《おかばしょ》に流れていきました。それに伴い、遊女たちも吉原から消えていきました。

自分を育ててくれた大切な場所、吉原が衰退していく様子を目の当たりにするのは、蔦重にとって耐えられないことでした。

出版業に携わるようになり、さまざまな作品によって人々に笑顔とエネルギーをもたらしてきた蔦重は、確かな手応えを感じていたのでしょう。**「吉原が再び栄華を取り戻すために、自分にできることは、出版の力を駆使することだ」**と、熱い血をたぎらせます。

幕府公認の遊郭だったとはいえ、多様な人たちが訪れ、多額の金銭が飛び交う吉原は、当時、芝居町（歌舞伎小屋）と並んで「二大悪所《あくしょ》」と呼ばれていました。

蔦重は、吉原のそういったダークなイメージを払拭《ふっしょく》すべく、艶《あで》やかで優美な花魁《おいらん》を描いた作品を企画していきます。

また、豪華な仕様の錦絵や、吉原でしか手に入らない可憐な限定本などを企画することで、吉原の印象を「身売りされた女性が集う場所」から「華やかな女性たちが闊《かっ》歩《ぽ》する場所」へと変えようと決意。皆が憧れる文化の地としてのブランディングを図っていきました。

見世や花魁《おいらん》たちは蔦屋に出資し、自分たちを美しくPRしてもらいました。蔦重の想いは、やがて吉原全体が総力を上げる一大プロジェクトへと成長していったのです。

すべての源泉となるのは、純粋かつ、明確な目標です。

蔦重は、まるで空飛ぶ鳥のように、この世界を自由に、そして力強く羽ばたきたいと願いました。そして、その**ゴールから逆算し、そのときの自分にできることを一つずつこなしていった**のです。その確かな積み重ねは功を奏し、吉原は徐々に、かつての輝きを取り戻していきました。

人は何にだってなれます。できないことなんて、何もありません。蔦重のように、思いのままに夢を描いてください。

夢を設定できるのも、その夢を叶えるために奮闘できるのも、自分だけ。

成功への道しるべは、一人ひとり、私たちの心の中にあるのです。

column 1

花魁《おいらん》のランキングを入れ替えた『一目千本《ひとめせんぼん》』

一見すると挿し花の画集に思える『一目千本』は、本編中にもあるように、実は遊女の評判記。ぼたん、百合、ききょう、水仙……可憐な挿花《そうか》それぞれに遊女たちをリンクさせ、イメージを膨らませるという戦法の書物です。

これは売り物ではなく、遊郭《ゆうかく》がお客にプレゼントするために作った一冊。『吉原細見《よしわらさいけん》』の編集長として築いたネットワークを使って、流行《はや》りの挿し花の絵に花魁《おいらん》の名前を入れれば、この本欲しさに客が集まり、本に載った花魁の評判も上がるはずだ……と蔦重が考えたことから生まれたものでした。そして、楼主《ろうしゅ》（妓楼《ぎろう》＝遊女たちがいる店の主人）たちを説得し、賛同して出資してくれた妓楼と花魁の名前を掲載したのです。

その思惑《おもわく》通り、『一目千本』は大きな評判を呼び、これを持っていることも、そこに載っていることもステイタスとなる一冊に。吉原に行かなければ手に入らない作品ですから、もしかすると、「挿し花の手本にしたいからもらってきて」と女性に頼まれ、ホクホク顔で妓楼に上がった客もいたかもしれません。

また、本に名前が載った花魁の人気は急上昇し、一方、出資を渋って載らなかった花魁は、もとがどうであれ、人気が落ちていくという下剋上が起きる結果に。蔦重は本一冊で、花魁のランキングを入れ替えたのです。吉原での蔦重の信用もまた、爆上がりしたことでしょう。

ちなみにこの『一目千本』、蔦重が版元株《はんもとかぶ》を手に入れたあと、妓楼と花魁の名前を削り、『手毎《てごと》の清水《しみず》』というタイトルで、正式に挿し花の本として一般販売するという強《したた》かさを見せたのは、さすがの一言です。

第2章

心を配る

思い描いた未来を実現できる人や成功者たちには、周囲への心配り、物事の捉え方、自分の保ち方など、共通した「心の法則」があります。

目標を達成するため、歩みを進めていく道のり。その道のりの様相《ようそう》は常に、自分の心の状態とリンクしていると言っても過言ではありません。


心を制するものは、人生を制します。

「人の心」は、あらゆる場面で無視することができないものです。素敵な人間関係も、めざましいビジネスも、まずは「人の心をつかむ」ことがすべての始まりです。


版元はたくさんあったなかで、なぜ大物作家たちはこぞって蔦重のもとを訪れたのでしょう。その心配り、心遣いのあれこれは、現代の私たちも、仕事や人間関係で生かせる極意の宝庫と言えるでしょう。

そして何よりも大切なのは、自分の「心の軸」をきちんと定めること。いうなれば、アイデンティティを自分で踏み固めていくということです。

両親が吉原を去り、養子として下働きをすることになった蔦重は、その過酷な環境からも、こぼすことなく貪欲に学びを吸収していきます。自分の恵まれない生い立ちすらも、力強く自分の個性として落とし込んでいきました。

結果を残す人は必ず、「今ある状況」を最大限に活用しようという精神を持っているもの。たとえそれがどんなに嘆かわしいものだったとしても、その一瞬の出来事すらも、糧《かて》にしていこうという心意気を持っています。

人生のすべてを思い通りに進められる人など、この世界に一人としていないでしょう。

だからこそ大切なのは、物事を思うがままに操縦する力を習得することではなく、何が起きてもぶれない「心のあり方」を学ぶことなのだと思います。

夢を叶える人は、どんなものに心を向け、どんな心で日々を生きているのでしょうか。その答えは、蔦重が教えてくれます。

Tsutaju's Message 10

人と仕事をするあなたへ

人を動かすのは信じる心。
相手の能力や才能を、
本人よりも強く
信じてみる

「部下がやる気を出さない」「後輩が何を考えているかわからない」。

人を指導したり、束ねたりする立場の方から、こんな悩みを聞くことがあります。

もちろん、仕事への熱意の量やスタンスは人それぞれですし、さまざまな背景もあることでしょう。けれど、**「相手を信じる」**ということを大切にしてみると、状況が好転していくことは大いにあるのだと思います。


蔦重は、一人ひとりの作家の才能をいち早く見抜き、可能性を最大限に引き出すことで、時代を彩る作品を次々に生み出した出版人です。

たとえば、蔦重が鱗形屋《うろこがたや》の『細見《さいけん》』の編集長をしていたとき、挿絵も描け、文才もある武士作家の恋川春町《こいかわはるまち》に依頼してできたのが、日本初の「黄表紙」だと言われています（『金々先生栄花夢《きんきんせんせいえいがのゆめ》』）。※

女性にモテたくて、地方から吉原に向かった主人公が、道中、粟餅《あわもち》が蒸しあがる間に栄枯盛衰《えいこせいすい》を経験する……というストーリーを描いたこの作品は、瞬く間にヒット

※鱗形屋から出版されたものの、鱗形屋がこのような柔軟な企画を思いつくとは考えにくく、また表紙を色褪せない黄色にしたのも、合理主義者でアイディアマンであった蔦重である可能性が高いと思われます。

し、やがて春町は「黄表紙の祖」と言われるまでになりました。

「相手が潜在的に持っている才能や能力を見出す」という力が傑出《けっしゅつ》していた蔦重。無名の作家たちは、彼のもとで次々と秘めたる才能を発掘され、開花させていきました。

蔦重は彼ら自身の才能を、本人たち以上に信じ、期待していたに違いありません。**新人作家たちは、自分を信じてくれるその想いに感化され、さらにモチベーションを燃やしていったのでしょう。**

芸能、音楽、出版などあらゆる分野に共通して言えることですが、たとえばこれからデビューする新人を発掘するようなとき、当の本人は自身の才能や魅力に気づいていなくても、スカウトやオファーをする側は、すでにそこに強い確信を持ち、熱心に口説く……ということは往々《おうおう》にしてあります。

声をかけられた本人は、当初は「どうして自分なんかに？」という戸惑いを隠しきれない場合も多いもの。しかしながら、相手の「あなたにはこういう力がある。だからきっと世に出る人になる」という熱い想いに突き動かされてデビューを果たした、という話は色々なところで聞くものです。まっすぐに自分を信じてくれるその人に、運命を委《ゆだ》ねてみようという気持ちになるのかもしれません。

人は誰だって、信じてもらえると嬉しいのです。

相手の才能を、時に相手よりも固く信じる。清らかでまっすぐなその信頼は、人の心を動かします。

「相手の才能を信じる」ということは、適当に「あなたならできるよ！」と励ますということではありません。この人ならきっと……という**確信を裏打ちするのは、綿密な分析と、まっすぐな好奇心**です。

人間誰しもが、必ず何かしらの才能を持っています。だからこそ、目の前にいるこの人は、一体何が得意で、どんなことに喜びを見出すんだろう？と、純粋な興味を持ち、丁寧に観察してみるのです。その積み重ねがあるからこそ、「あなたのこういう能力はすばらしい。あなたにならきっとできる」という言葉は自然と、説得力と重みを持ちます。**熱い衝動の源となるのは、実は地道で緻密な分析**なのです。

あなたの目の前にいる部下は、どんな才能の持ち主なのでしょうか。そんな想いで見つめてみると、関係性も少し変わってくるかもしれません。

Tsutaju's Message 11

人間関係のツボを知りたいあなたへ

「自分は認められていない」と思ったときに人は不満を募らせる

「承認欲求」という言葉が、近年とみに用いられるようになりました。たとえばSNSで「いいね」の数を競うような、自己顕示欲の強い人を揶揄《やゆ》するときに使うようなイメージが強く、あまりよい印象を持たない方も多いかもしれません。

けれど、「すごいと思われたい」「みんなに認められたい」という想いは、人としてごく自然なもの。古今東西、人類が持ち続けてきた、普遍的な感情です。

幼少期からさまざまな人間模様のなかに身を置いていた蔦重は、人がどんなことに憤《いきどお》りを感じ、どんなことに心を満たすのかといった、人の心の機微にはさぞかし敏感だったことでしょう。

だからこそ、多くの人が持ちうる「認められたい」という想いもよく理解し、そこに刺さるような言動や立ち居振る舞いを意識していました。

人は誰しも、自分を蔑《ないがし》ろにされたり、軽視されたりしたと感じたときに不満を抱くものです。逆に言えば、相手が自分を尊重し、認めてくれていると感じられれば、そこまで負の感情は募りません。

蔦重はきっと、以下のようなさまざまな心配りによって、相手を尊重する気持ちを表明していたことでしょう。

・出会った人の名前はすぐに覚え、親しみを込めて呼ぶ
・相手が何を望んでいるかを常に考え、相手を幸せにするためにできることを追求する
・断るときほど、返事は早く。期待だけ持たせて返答を長引かせるということがないようにする
・約束は絶対に守るようにし、相手から自分への信頼を踏みにじらない
・根底に「情」を持って相手と対峙するようにする
・人の言葉を否定しない。自分の意見とは異なると思っても、すでに知っていることであっても、興味を持って耳を傾ける

・その人の大切にしている価値観を理解する
・常に「お蔭様」の精神を忘れず、感謝の気持ちを持って向き合う

相手を認め、尊重しているという気持ちを表すことで、その人の不安や不満は取り除かれていきます。

目の前のことに懸命に打ち込むほど、つい自分のことばかりに意識が集中してしまうのは、誰しも身に覚えがあるでしょう。

だからこそ、**いかなるときでも周囲に気を配り、目の前の相手のことを大切にできる人は、とても稀有《けう》な存在であり、周りが放っておきません。**

よい仕事、よい人生は、人との縁によって生まれるもの。自分一人でできることなど、たかが知れているのです。そのことを熟知している人は、自ずと素敵な盟友たちに恵まれていくことでしょう。

Tsutaju's Message 12

ビジネスの極意を知りたいあなたへ

売り手よし、買い手よし、世間よし。仕事の根本は、この「三方よし」

たとえばあなたが、何かしらの製品を発売するメーカーに勤務しているとします。そのとき、ヒット商品を生み出したいと思ったのなら、**「会社、ユーザー、そして世の中」の三者が幸せになれるようなプランを目指してみましょう。**

もちろんメーカーに限らず、この「三方よし」のマインドは、仕事を行ううえで欠かせないものです。

蔦重が出版業に踏み出した頃はまだ、作家たちはそれだけで食べていけるという時代ではありませんでした。

物書きをするためには教養が必要です。狂歌師や戯作者などの作家のほとんどが、学のある武士たちでした（後に蔦重が、作家業だけでも食べていけるよう、潤筆料《じゅんぴつりょう》＝執筆料を支払う制度を始めます）。

士農工商のトップにある武士が、下級の商人に雇われて執筆料を受け取るなど、言語道断《ごんごどうだん》。お上《かみ》にバレてはお咎《とが》めを受けてしまいます。そのため狂歌や戯作は、あくまでも武士たちの趣味の一部、ということで執筆していたのです。

とはいえ、作者として本を出版し、それが売れても何の報酬も渡せないということに、蔦重は心苦しさを感じていたのでしょう。執筆料を支払う代わりに、作者たちが活躍できるイベントの開催と、吉原での盛大な接待を報酬として提供しました。

狂歌ブームに火がつき始めた頃、すかさず狂歌連《きょうかれん》（狂歌が趣味の武士たちのサークル）に顔を出すようになった蔦重は、彼らが参加できるような、さまざまなイベントを企画します。

特に好評だった舟遊びのイベントでは、狂歌師たちに花を持たせるような場を用意し、さらにその場で読まれた狂歌を一冊にまとめました（『狂歌百鬼夜狂《きょうかひゃっきやきょう》』）。

それまで、狂歌連の集まりで詠まれる歌は、あくまでその場限りのものでした。それが一冊の本として記録に残るのは、作者である武士たちにとっても、心弾むことだったに違いありません。**こうした憎い心遣いの数々もまた、蔦重のビジネス成功に大きく寄与していた**のでしょう。

さらに、狂歌連には身分の高い武士たちが出入りしますから、彼らと友好的な関係を築くことによって、口コミが広がり、本の売り上げも伸びていきます。それがさらに蔦重の出版人としての地位を盤石《ばんじゃく》なものにしていくという、喜ばしいルーティンが生まれていきました。

また、吉原を知り尽くしていた蔦重の接待は、隅々まで心を尽くされたものであったことは言うまでもありません。

いつしか、蔦屋から出版されることが狂歌師たちにとってのステータスとなり、作家たちは皆、他の版元を蹴ってでも蔦重とのコネクションを持ちたがるようになりました。そういった流れのなかで、吉原の見世《みせ》も賑わい、潤っていったのです。

売り手の事情ばかりを追求するビジネスは、独りよがりなものとなり、やがて縮小していってしまうでしょう。**自分だけが幸せになるのではなく、相手も世の中も明るく照らす**。そんな想いで行う仕事によってこそ、結果的に自分も照らされていくのです。

Tsutaju's Message 13

いま、調子がよいあなたへ

優勢なときほど謙虚であれ。好調なときほど慎重であれ

「好事魔多《こうじまおお》し」という言葉があります。**物事が好調に進んでいるときこそ、落とし穴が潜んでいるものだから、気を引き締める必要がある**ということです。

大手版元として、吉原のガイドブック、『吉原細見《よしわらさいけん》』の販売市場を独占していた鱗《うろこ》形屋孫兵衛《がたやまごべえ》は、まさにこの好調な事態に油断し、足をすくわれてしまった人物です。

鱗形屋は蔦重が生まれる百年も前から、出版の中心地、日本橋に店を構えていた大手老舗《しにせ》の版元です。絵本や浄瑠璃《じょうるり》本などのほか、旧暦の春と秋（現正月と七月）に『吉原細見』を発行していました。

この頃、『吉原細見』は鱗形屋の独占販売でした。細見は、吉原を初めて訪れる客にとっては必須のアイテムですから、自然と売れていきます。ほかにライバルはおらず、出せば売れるという、まさに入れ食い状態でした。

すでにお話しした通り、吉原は遊女の出入りも、見世《みせ》の出入りも激しい場所。おまけにこの頃は町全体の勢いが衰え、場所を移したり、潰れたりする見世も少なくありませんでした。

そのように刻一刻と世の中が移り変わっていくなかでも、鱗形屋は「放っておいても勝手に売れる細見」に胡坐《あぐら》をかき、情報をアップデートすることを怠っていた結果、次第に信用を失っていきます。

そして、さすがにこのままではまずい、と危機を感じ、吉原を知り尽くすとともに、本の知識も持ち合わせている蔦重に、細見の販売に加え、編集も依頼したのです。

編集長・蔦重は、さまざまな情報を最新のものに更新するのはもちろん、当時、浄瑠璃《じょうるり》作家として人気を博していた平賀源内《ひらがげんない》に序文《じょぶん》を依頼するなど、精度と面白さを追求し、細見を生まれ変わらせました。

そして前述のとおり、一七七五年七月、細見の版元であった鱗形屋が盗作事件を起こし、「細見秋号」の出版が見送りになると、蔦重はすかさず自身が版元となり、蔦《つた》屋版《やばん》吉原細見、『籬の花《まがき》』の出版に乗り出したのです。

蔦屋版のものは、サイズを大きくし、それまでの細見とはページレイアウトを大きく変え、通りを挟んで遊郭が向き合う形に配置しました。このレイアウトは地図の役割も果たし、どの通りのどこにどの遊郭があり、どんな遊女がいるのかが一目瞭然《いちもくりょうぜん》に。

さらに、サイズを大きくした分、ページ数を減らして経費を削減し、それによって価格を安くしたり、あるいはどの号からかは不明ですが、浮いたお金で美しい外袋を付録にしたりという、創意工夫を凝らしたのです。結果的に蔦屋版の細見は、それまでの「当たり前」をぶち壊した、非の打ちどころのない作品となりました。

鱗形屋も翌年には細見発行に向けて再始動しますが、こうなってしまうともはや、時すでに遅し。蔦屋版の勢いにはとうてい及ばず、時代が変わったことをまざまざと見せつけられてしまいました。

「驕《おご》る平家《へいけ》は久しからず」で、かつて栄光をおさめた大国も、大企業でさえも、努力を怠った瞬間、衰退が始まっていきます。

自身の努力や成果を自分で労《ねぎら》い、褒めるのはとても大切なこと。けれど、「慢心」と「怠慢」には注意が必要です。**調子のよいときこそ、真摯《しんし》にコツコツと努力する。**その謙虚さを忘れなければ、足をすくわれることはないでしょう。

Tsutaju's Message 14

心地よいチームワークのための極意

相手の仕事と価値観への敬意は、見える形にして伝える

私が考える蔦重は、『蔦重の教え』でも描いているように、なかなかに癖のある人物。情には厚いものの、身内に対しては口が悪く、短気で横柄な面ものぞかせていたのではないかと想像しています。現代風に言えば、「デリカシーに欠ける」行動をとることも、おそらく日常茶飯事だったのではないでしょうか。

しかしながら、**生涯を通じて、「相手の仕事と価値観に敬意を払う」という姿勢にはぶれがありませんでした。**

東洲斎写楽《とうしゅうさいしゃらく》をはじめ、自身が抱える作家がデビューする際には、大々的なプロモーションを行い、その船出を鮮やかに彩るなど、それまでの努力に精一杯報《むく》いるようなスタンスは一貫していました。だからこそ、ともに仕事をすることを願い、数多《あまた》の作家たちが蔦重のもとを訪れたのでしょう。

79ページでもお話ししたように、蔦重が版元としての事業を始めた頃はまだ、文筆業を生業《なりわい》にしている人はほとんどおらず、武士が趣味で執筆しているというケースが大半でした。副業を固く禁じられている武士に原稿料を渡すことはできないので、その代わりに、吉原で盛大にもてなすなどしていたのです。

しかし、江戸でメディアブームが起きたことで職業作家（作家業だけで生計を立てる者のこと）を志望する者が徐々に増加。それまでのように、「原稿料は払えません」というわけにはいかなくなっていきました。

こうした流れをさらに加速させたのが、商人出身の戯作者《げさくしゃ》・山東京伝《さんとうきょうでん》でした。きっちりとした金銭感覚を持ち合わせた京伝は、割り勘文化を提唱した人物としても知られています。それまで江戸では一般的だった、「呑んだときは、仲間内の誰か一人が支払いをする」という風潮に対し、「仲間同士で借りをつくるのはおかしい」と異を唱えたのです。

絵師、文筆家、どちらの立場も経験している京伝は、蔦重に「挿絵を手がけた場合は画料がもらえるのに、戯作を手がけた場合は執筆料がもらえないのは、不平等ではないか」と直訴したと言われています。

蔦重にとって、京伝は大切なビジネスパートナー。その直談判には真剣に耳を傾けました。そしてその想いを汲むかたちで、**一七九一年、日本で初めて「潤筆料《じゅんぴつりょう》（執筆**

料)」というシステムを導入。そしてこの仕組みが普及すると、日本で初めて作家業だけで生活できた作家、十返舎一九《じっぺんしゃいっく》と曲亭馬琴《きょくていばきん》を育てました。彼らがそれぞれ長編シリーズを生み出せたのは、潤筆料あってこそ、つまり蔦重がいたからこそのことでした。

常に相手の仕事に敬意を持つ。そんな姿勢で向き合っていた蔦重は、せっかくすばらしい原稿を書いてもらっても、正規の報酬は支払えないという仕組みに、さぞかし歯がゆい思いを抱えていたことでしょう。

そしてまた、相手の価値観を尊重したいという気持ちがあったからこそ、京伝の言葉に真摯に向き合い、支払いのシステムを抜本的に変化させることができたのです。

あなたの仕事や信念が尊いものであるように、相手の仕事や信念もまた、尊いもの。だから敬意を払いましょう。その気持ちは、意識しなくてもにじみ出て、自ずと行動に表れていくものです。

その逆もまた然り。相手を軽視する思いも自然と伝わり、不協和音を奏でることになっていきます。

Tsutaju's Message 15

反りの合わない人がいたら

相手の無礼さではなく、能力に目を向けてみる

相容《あいい》れない人というのはどこにでもいるものです。言い方がきつい、態度が悪い、人を小馬鹿にしている……そんな人たちの、儀礼を欠いた言動に腹を立ててしまうのも致し方ないことですし、接して不愉快になる相手とは、潔く距離をとるのがベターでしょう。

けれど、**もし余力があるのなら、その人の表層的な部分ではなく、本質的な部分を見つめるようにしてみると、得られるものがある**かもしれません。

蔦重はとにかく幅広いジャンルの本をプロデュースしていましたから、それと比例するかのように、多種多様な人たちとの付き合いが発生していました。

本や浮世絵づくりで付き合うべくは、絵師だけではありません。ディレクターとして、彫師《ほりし》や摺師《すりし》（版木を用いて色を和紙にすりこむ職人）、製本屋《しくみや》など、各分野のプロフェッショナルたちと相対《あいたい》し、取り仕切らなければならないのです。

江戸っ子というのは気が短く口も悪い。粋《いき》だが、見栄っ張りで意地っ張り。人情家で涙もろいが、情熱溢れるあまり、喧嘩もいとわない。さらにそこに、気難しい「職人気質《かたぎ》」も加わるとなると……なんだか、手に負える気がしないでしょう。

蔦重が関わった作家の中で、現代において最も有名と言えるのは、葛飾北斎《かつしかほくさい》ではないでしょうか。北斎が活躍したのは、蔦重の後継者、二代目蔦屋の頃でしたが、蔦重の「仕込み」はすでに始まっていました。

蔦重と出会った頃の北斎は、勝川派の門下として、「勝川春朗《かつかわしゅんろう》」という名で筆を執っていました。

勝川派のトップ、春章《しゅんしょう》は、北斎が入門してわずか一年でその才能を認めます。そして、春章の「春」から一字を、さらに春章の別名である「旭朗井《きょくろうせい》」からも一字を与えて「春朗」と名付けるほど、北斎に入れ込むようになりました。

しかしながら、決して人付き合いに秀でてはいなかった北斎の人柄が、足を引っ張ることとなります。頭抜《ずぬ》けた実力で兄弟子《あにでし》たちから妬《ねた》まれたうえ、平然と彼らにも食ってかかる春朗は、次第に孤立していきました。そして、目をかけてくれた春章が亡くなった後は勝川派に寄り付かなくなり、描きたい絵も描けない状況に追い込まれていったのです。

この頃から蔦屋に出入りし始めた春朗を、救い上げたのが蔦重でした。もちろん、蔦重の前でも春朗の生意気な態度は変わりません。けれど**蔦重は、彼の上辺《うわべ》ではなく、その奥の才能を見つめていました。「態度は悪いが画才はお墨付き」**。これは蔦重が春朗に抱いた印象です。蔦重にとっては、一に才能、二に才能。悪態をつかれようがなんだろうが、自分で目利きしたその才能を信じ、もっと花開かせるためにはどうすべきなのかということだけに、心を砕いていたのです。

気に入らないと感じる人がいるのなら、**「その人の人間性ではなく、能力と付き合う」**という意識で向き合ってみてはいかがでしょうか。態度は感心できたものではないけれど、このスキルは傑出《けっしゅつ》しているな、といった部分を見出せるかもしれません。

そんな意識で生きられる人は、苦手な人ですら、自分を高めてくれる存在へと、巧《たく》みに昇華《しょうか》させることができるのです。

Tsutaju's Message 16

もっと能力を伸ばしたいあなたへ

誰かのための仕事は時に、自分のための仕事よりずっと頑張れるもの

人を幸福にすることは、時に自分を幸福にすること以上に、心に充足感を生むもの。それは人間の本能なのかもしれません。

誰かのためにする仕事は時に、自分のためにする仕事の、何倍ものエネルギーを湧き出させてくれるものです。

尊敬する人が自分にかけてくれる期待。それは時として重圧も生むかもしれませんが、深い意欲を呼び起こし、否応《いやおう》なく燃料を注いでくれるでしょう。

もし今あなたが、「この人の期待に応えたい」と思える上司のもとで働けているのなら、あるいは部下にとってそんな存在の上司であるのなら、それはとても尊く、幸せなことだと思います。

若手作家たちの育成に注力していた蔦重は、若きクリエイターたちに期待をかけることで、彼らの意欲に火をつけ、才能を最大限に引き出していました。

「とにかくまずは書いてみな」。これは蔦重が日頃、口癖のように彼らに発していたであろう言葉です。

相手のポテンシャルを信じていなければ、書かせるまでもありません。まずは書かせてみるという姿勢は、よいものが上がってくる可能性に期待をするという気持ちの表れでした。名もなき若者たちは、すでに敏腕編集者として名を馳せていた蔦重に作品を披露するチャンスを与えられ、やる気をみなぎらせたことでしょう。


ちなみに、弥次《やじ》さん・喜多《きた》さんのコンビで有名な『東海道中膝栗毛《とうかいどうちゅうひざくりげ》』の作者、十返舎一九《じっぺんしゃいっく》もまた、蔦重に育てられた作家のうちの一人です。

一九は駿河《するが》の下級武士の生まれで、幼い頃から武家に奉公に出ていたようですが、三十歳のときに江戸に移り、作家志望の従業員として蔦重の店で住み込みを始めました。

蔦重は一九を店員として雇う傍ら、いつか作家として独り立ちできるよう、執筆の機会を与えながら彼の育成に励んだのです。

一九は絵も文も書けたうえに頭の回転が速く、とても有能でした。**蔦重はそんな彼**

の未来に、大きな期待を寄せたことでしょう。

当時、江戸で流行していた心理学の要素を盛り込んだ物語、『心学時計草《しんがくとけいぐさ》』を皮切りに、次々と作品を創作するチャンスを与え、作家としての地位を不動のものにさせていきました。

『東海道中膝栗毛』は、残念ながら蔦重の没後に刊行された作品ではありますが、今なお愛されるこの作品の誕生の礎《いしずえ》となったのは、蔦重のもとで、その熱い期待を一身に浴びながら創作活動に励んだ日々だったことは間違いないでしょう。

心から尊敬する人が向けてくれる期待感ほど、魂を燃やしてくれるものはありません。**「この人に喜んでほしい」という思いを込めて生み出した作品だからこそ、結果的に、ほかの大勢の人たちを喜ばせることになる**のです。

もしあなたに今、育成している人がいるのなら、もっともっと、相手に期待をしましょう。そしてその想いを、余すことなく伝えましょう。

その顔は一瞬にして輝き、やがて、めざましい成長を遂げていくことは明白です。

Tsutaju's Message 17

今、人を育てているあなたへ

「俺んとこ置いてやるよ」と引き受ける

「俺んとこ置いてやるよ」。相手の才能を認めるやいなや、蔦重はそんなセリフを口に、自分の家に住まわせるようにしていました。とにかく義理人情に厚い男だったのです。

蔦重に世話をされたなかでも特に有名なのは、喜多川歌麿《きたがわうたまろ》でしょう。もともとは「北川」という姓で絵師として活動していた歌麿。彼と出会った蔦重は、その才能に惚れ込むと、自身の養子先である「喜多川」と同じ苗字への改名を促し、居候《いそうろう》をさせるようになりました。

そして、その後も長きにわたって自宅に住まわせ、歌麿の最愛の妻も同居できるよう計らいます。歌麿は妻を深く愛していたため、ともに暮らすことがその心の支えになるとわかっていたからです。

曲亭馬琴《きょくていばきん》もまた、蔦重のもとで才能を開花させた一人です。馬琴は山東京伝《さんとうきょうでん》に弟子入り志願をして断られたものの、友人として出入りを許され、京伝が多忙な折は、彼の黄表紙作品のいくつかを代筆しました。その後、蔦重に紹介され、耕書堂の従業員として働きながら、作家活動を続けます。

いずれは読本（大作小説）を書きたいと考えていた馬琴は、蔦重にその才を認められると、熱い想いをぶつけます。

そこで蔦重が試しに書かせてみたところ、因果応報《いんがおうほう》を不可思議な世界観で描き出したストーリーを生み出し、世間で評判になりました（『月氷奇縁《げっぴょうきえん》』）。

馬琴はそこから読本作家としての活動を本格化させ、やがて蔦重のもとを去ったあと、のちに「日本ファンタジー小説の祖」と呼ばれることになる超大作、『南総里見《なんそうさとみ》八犬伝《はっけんでん》』を生み出したのです。

もちろん、彼らが飛びぬけた才能の持ち主であったことは言うまでもありません。けれど、**その能力をのびやかに開放し、爆発させることができたのは、常に「ここに自分の居場所がある」という気持ちでいることができたから**でしょう。

蔦重の「俺んとこ置いてやるよ」の一言は、作家たちにとって大きな心の拠り所だったに違いありません。その安心感に包まれながら、心置きなく創作活動に精を出すことができたのです。

歩き始めたばかりの赤ちゃんは、親が自分を見守り続けることを知っているからこそ、安心してその手を放し、よちよちと一人で前に歩いていこうとします。

「自分はここで守られているんだ」という安らぎは、いわば人間が本能的に求めるもの。必要とされているという安心感があるからこそ、人は果敢に挑戦することができるのです。

逆に言うと、「ここに自分の居場所はない」と感じたとき、人は自己重要感を失い、萎縮《いしゅく》していきます。

聡明なリーダーでありたいなら、そのことを十分に理解していなくてはなりません。

部下やチームのメンバーに、「あなたが必要だ」と、その存在意義を十分に伝えることができたなら、彼らのパフォーマンスは、飛躍的にアップしていくはずです。

Tsutaju's Message 18

もっと自分を高めたいあなたへ

一流の人たちの中に身を置いて、その考え方と心意気を、自分の中に落とし込む

日頃、密に接している人からは、自覚していようといまいと、色濃く影響を受けるもの。その人の思考や立ち居振る舞い、人生観や美学までもが、時には細胞レベルで染み込んで、自分という人間をつくりあげていきます。

不遇な生い立ちを抱えながらも、のちにメディア界の英雄としてその名を轟《とどろ》かせることとなった蔦重。その**成功の大きな要因の一つは、幼い頃から「一流の人たち」に囲まれて過ごした環境であったこと**は間違いないでしょう。

さまざまな見世《みせ》が軒《のき》を連ねる吉原は、貴賤《きせん》を問わずに遊べるこの世の極楽。大見世《おおみせ》（一流の遊女屋）から河岸見世《かしみせ》（最下級の女郎屋《じょろうや》）まで、あらゆるグレードの見世が混在していました。

そんななか、最高レベルの大見世を頻繁《ひんぱん》に訪れる常連客の大半は、大名や大商人、著名人など、何かしらの分野における、成功者と言える面々だったのです。

養子として下働きをしていた幼少期から、蔦重は常にそんな大物たちの中に身を置いていました。家業の手伝いに勤《いそ》しむ日々のなか、せわしなく大見世に出入りする成功者や権力者たちとの触れ合いが、蔦重の基盤をつくりあげていったことは、たやすく想像できるでしょう。

成功している人には、必ずその理由があります。

彼らはどんな哲学を持ち、どんな言葉を遣い、どんなものを身につけ、どんなことに喜びを感じるのだろう？　蔦重はそんな想いで大物たちの一挙手一投足に目を凝らし、自分のなかにその学びを落とし込んでいったことでしょう。

なんの後ろ盾も持たない自分は、身近なお手本たちから貪欲に学んでいくしかない。それが自らの鎧《よろい》となっていくはずだ……常にそんな気迫をまとい、取りこぼすことなく、彼らから多くのものを吸収していったに違いありません。

数多《あまた》の「秀逸なお手本」たちで溢れたその環境が、彼の成功者としての礎《いしずえ》を築いていきました。

エネルギーというものは、どうしたって移っていくもの。**自分の身近にいる人は、**

未来の自己像です。だからこそ、自分が身を置く環境には妥協してはならないのです。成功者のそばを離れず、そのメソッドを自分のなかにインストールする気概《きがい》を持ち、ちょっとした所作や考えすらも真似る。そのようにして**成功者になりきることで、いつしか現実は追いついてくるもの**です。

信念を貫くのも大切なことですが、**我流にはいつか限界がくる**もの。ましてや未熟であるうちはなおさらです。

そして**背伸びをしてみるということも大切**です。

蔦重を描いた浮世絵を見ると、彼が身だしなみに非常に気を遣っていたことがうかがえます。おそらく、ちょっと背伸びをしていたのでしょう。良質な着物に身を包んでいれば、一流の人たちから一目《いちもく》置かれ、交流の場に誘ってもらう機会も増えます。そこで話も面白いとなれば、もうこっちのもの。「弱小版元の若造」が、吉原を懇意《こんい》にする大御所たちと交流を深めていけた理由の一つには、こういった巧みな自己プロデュース力もあったのでしょう。

Tsutaju's Message 19

人の心をつかむには

誰かと会った日は、相手がその日、最後に言った言葉を覚えておく

ある人と楽しく談笑し、その日は別れ、また別の日に会ったとします。

そのとき、相手が「この前会ったとき、あなたに教えてもらった本、読んでみたらおもしろかったよ」と言ってくれたら、どんなふうに感じるでしょう。

自分が話に出した本を覚えていてくれて、しかも、わざわざ読んでくれたんだ……と、とても嬉しく、温かな気持ちになるのではないでしょうか。


このように、**「記憶しておく」ということは、豊かな人間関係において、欠かすことのできないもの**です。


蔦重も、この「覚えておくこと」を存分に日々のなかで生かしていたことでしょう。あらゆるところにまめに顔を出し、会話の隅々まで記憶して、情報交換や関係構築へとつなげていったのです。

「旦那、昨日教えて頂いた○○についてですが、お蔭様で勉強になりました……」なんて、盛んに話しかけていたことでしょう。

やり手の営業パーソンは、営業相手に会ったあとは、その人の特徴や話した内容を、事細かに記録しておくのだそうです。そして次に会ったときに、前回話したことをまた話題に出すのです。

興味のないことなど、人はいちいち覚えておけません。**相手の話した内容をつぶさに覚えているということは、「自分はあなたに関心があります」という好意の証となります。**よほどの事情がない限り、そんな純粋な姿勢で自分と向き合ってくれる人を、無碍《むげ》にすることはできないでしょう。

特に、その日、相手が最後に話したことは大切に記憶（記録でも）しておくようにしましょう。

日本人は、大切なことは最後に話す国民性の持ち主です。ですから、別れ際に相手が話したことは、その人にとって、特に重要なものだということ。その内容を覚えておき、次に会ったときに話に出してみると、さらに深い信頼関係が築かれていくと思います。

人間関係の極意というのは、やはり、「相手を大切に思っていることを、どれだけ伝えられるか」ということに集約されるのではないでしょうか。

人はみなどこかで、「必要とされない恐怖」と闘いながら生きています。「あなたを尊重している」という想いを表明することは、そんな恐怖を拭い去り、大きな安堵感を与えるものなのです。

最後に、「記憶」に関して、とっておきの技をお伝えします。

とある人からいわれのない攻撃を受けたとします。「もう、あの人のことを考えるのも嫌」という事態に陥ってしまったとしても、その人のことを忘れてはいけません。

相手がこの先どこかで、狡猾《こうかつ》なやり方であなたの足を引っ張ってくる可能性もあります。そんな危機に備えて先手を打つためにも、名前を忘れてはいけないのです。ヘイト・リストを作るなどして、その名は刻み付けておきましょう。

Tsutaju's Message 20

謙虚になりすぎてしまうあなたへ

遠慮をするたび
好機《チャンス》は逃げる。
厚かましいぐらいが
ちょうどいい

仕事を頼みたい、仲間に入りたい、自分に挑戦させてほしい……。
何かを誰かにお願いすることは、時にとてつもなく大きな勇気を要するものです。「こんなことを頼んだら、図々しいとか、身の程知らずだと思われないだろうか」と、怖気《おじけ》づいてしまうことだってあるでしょう。
何もアクションを起こさなければ、当然、波風は立たず、時は平穏に流れていきます。けれど、**リスクが起こらないのと同様に、可能性が広がっていくこともまた、ないのです。**

蔦重を象徴するワードの一つが、「厚かましさ」ではないかと思います。ちょっと図々しくて無鉄砲。「無謀《むぼう》かな?」と思えるような挑戦にも、果敢に踏み込んでいく。そんな図太さこそが、彼に数々のチャンスをもたらし、「不可能」を「可能」へと変えてくれたのです。

世の中で今、狂歌がブームだと察するやいなや、蔦重自身も狂歌師、「蔦唐丸《つたのからまる》」を名乗り、狂歌連《きょうかれん》(狂歌を詠む人たちのグループ)に入り込みます。そこは、狂歌界の重鎮である大田南畝《おおたなんぽ》をはじめ、今をときめく狂歌師たちが集う場所。彼らとの関係性を築き、狂歌本を出版することが蔦重の狙いでした。

大御所たちが一堂に会する狂歌連は、当時、細見《さいけん》などでそこそこ名は知られていたかもしれぬものの、言うなれば「弱小版元《じゃくしょうはんもと》の若造《わかぞう》」で学のない蔦重にとっては、敷居《しきい》の高い場であったことは間違いないでしょう。もしかしたら、自分が白い目で見られるかもしれないということも、十分すぎるほど予期していたかもしれません。

しかし、そんなときでも物怖《ものお》じしないのが蔦重という人でした。

そこにほんのわずかでも、ビッグビジネスにつながる可能性があるのなら、自身の「恥をかくことになったらどうしよう」という虚栄心や不安など、取るに足らないものだったのです。

さらに、自らも狂歌師となることで、「出版社の人間」としてではなく、「仲間」としてそこに入り込むあたりは、さすが稀代《きたい》の戦略家です。

臆せず狂歌連に仲間入りしていったことにより、蔦重が他のどの版元よりも、人気狂歌師たちとの密な関係性を築いていったことは、言うまでもありません。

そうして有利に駒《こま》を進めたことが、のちの狂歌絵本の大ヒット作プロデュースにもつながっていきました。また、この吉原狂歌連をきっかけとして、のちに、日本が誇る天才絵師、喜多川歌麿《きたがわうたまろ》との出会いも果たすことになったのです
厚かましさは、自分の可能性を確実に広げてくれます。嫌がられようが、素《そ》っ気《け》ない対応をとられようが、めげないことも大事な戦略の一つなのです。

そして**厚かましい人というのは、意外にもなぜか好かれるもの。**多くの成功者が、口をそろえて「音《ね》を上げない奴ってのは、なんだかだんだん可愛く見えてくる」と言います。その根源にある、熱い想いと好奇心が自ずと伝わるからでしょう。

遠慮して小さくまとまっている限り、取り巻く世界は変わりません。厚かましさを武器に、その殻を打ち破ってみませんか？

column 2

蔦重の盟友、
吉原を知り尽くした山東京伝《さんとうきょうでん》

江戸っ子たちを夢中にさせたヒットメーカー、山東京伝は、京伝を名乗る前は、北尾重政《きたおしげまさ》の弟子の一人、北尾政演《きたおまさのぶ》として挿絵を描いていました。浮世絵師としての集大成が、1784年に蔦屋から出した『吉原《よしわら》傾城新美人合自筆鏡《けいせいしんびじんあわせじひつかがみ》』。遊女たちの艶《あで》やかな日常を描いた美人画集です。

実はこの作品には元ネタがあり、それが『青楼美人合姿鏡《せいろうびじんあわせすがたかがみ》』でした。蔦重が版元になった翌年の1776年、北尾重政と勝川春章《かつかわしゅんしょう》という、当時人気を二分していた浮世絵師たちが合作で手がけたもので、部屋持ちの遊女たちの日常を描いた豪華本です。

この本も『一目千本』と同様に、売り物ではなく、出資者を集めて作った贈答品でした。

蔦重はその前にもう一冊、『急戯花之名寄《にわかのはなのなよせ》』という、吉原の名物イベントに合わせた贈答用の遊女評判記を出しているのですが、遊女の定紋《じょうもん》付きの提灯《ちょうちん》と短い紹介文のみで構成されたこの作品にも、やはり本人たちの姿は描かれていません。よって、『青楼美人合姿鏡』にて、満を持しての遊女本人たちの登場、となったわけです。

またここで、勝川春章を引っ張ってこられたのも蔦重の人間力の賜物《たまもの》と言えるでしょう。実は勝川春章は、北尾重政のご近所に住む友人でした。重政に見込まれた蔦重だったからこそ、春章を紹介してもらえたのでしょう。いかにも贅沢なこの画集は絶賛され、蔦重の版元としての評判を高めることになりました。

八年後に山東京伝を起用して、蔦重が同様の企画を立てたのは、京伝が若い頃から吉原を訪れ、その隅々までも熟知していたことはもとより、この頃には絵も文も達者なヒットメーカーとしての地位を確立しており、もはや自分にとって、なくてはならない存在だったからと言えるでしょう。

第3章

思考力と知恵を磨く

ほとばしる情熱と才覚を武器に、事業を軌道に乗せ始めた蔦重は、出世街道を力強く走り出します。

田沼意次《たぬまおきつぐ》政権であった当時、世の中は商人たちが「株仲間」を結成し、力を持った時代。商工業に重きを置く、自由で活発な空気に満ちていました。

それ以前の世は、それとは対照的に、厳しく、殺伐とした時代でした。元禄文化華やかなりし頃とは大違いの、倹約を強いられる世の中で、人々は楽しみを見出せずにいたのです。

そこから移り変わった治世《ちせい》において、それまで抑圧されていた人々が、ここぞとばかりに生きることを楽しんだのは、言うまでもないでしょう。こののびやかな時代もまた、自由な発想力を持ち味とする蔦重を大いに後押ししました。

しかし、活気ある時代も、そう長くは続きませんでした。田沼意次が失脚して松平定信が老中になると、世は厳格な「寛政の改革」時代に突入します。

徳川吉宗の孫である松平定信は、世が世なら、十一代将軍に就任する可能性もあった人。我が物顔で世を統治していた田沼意次を、恨んでいなかったわけはありません。定信の意次への反発心、そして祖父である吉宗への深い敬愛の念によって、世は質素倹約時代に逆戻り。そこに凶作も相まって、人々は再び、贅沢や快楽を厳しく取り締まられるようになっていきます。

当然、その波は出版の世界にも押し寄せました。「贅沢は敵」として、浮世絵で使用する色数が制限され、政治的、性的表現なども取り締まられるなど、表現の幅も狭められていくこととなったのです。表現の自由の剝奪《はくだつ》は、作家や版元たちにとって耐えがたいものでした。

けれど、厳しい出版規制がなされるという逆境のなか、さらにその闘志を燃やしていったのが蔦重です。何かを禁じられたのなら、別の一手を繰り出し、もっとよいものを生み出してやる。そんな精神で厳しい時代を切り抜けていきました。

勝者となるのはいつだって、考え抜くことを放棄しなかった人です。逆境のなかであなたを救うのは常に、磨かれた思考と知恵、そして気迫なのです。

ペンは剣よりも強し。自分を縛りつける制約すらも振りほどく、一生ものの知性の身につけ方を、学びにいきましょう。

Tsutaju's Message 21

今、何かを諦めそうになっているあなたへ

人生は知恵比べ。最後に勝つのは、考えることを止めなかった人だけ

郵便はがき

63円切手を
お貼り
ください

101-0003

東京都千代田区一ツ橋2-4-3
光文恒産ビル2F

(株)飛鳥新社　出版部　読者カード係行

フリガナ	性別　男・女
ご氏名	年齢　　歳
フリガナ	
ご住所〒 TEL　（　　）	
お買い上げの書籍タイトル	
ご職業　1.会社員　2.公務員　3.学生　4.自営業　5.教員　6.自由業 7.主婦　8.その他（　　）	
お買い上げのショップ名　　所在地	

★ご記入いただいた個人情報は、弊社出版物の資料目的以外で使用することはありません。

このたびは飛鳥新社の本をお購入いただきありがとうございます。今後の出版物の参考にさせていただきますので、以下の質問にお答え下さい。ご協力よろしくお願いいたします。

■この本を最初に何でお知りになりましたか

1.新聞広告（　　　　　　新聞）
2.webサイトやSNSを見て（サイト名　　　　　　　　　　　　　　　　）
3.新聞・雑誌の紹介記事を読んで（紙・誌名　　　　　　　　　　　　　　）
4.TV・ラジオで　5.書店で実物を見て　6.知人にすすめられて
7.その他（　　　　　　　　　　　　　　　　　　　　　　　　　　　　）

■この本をお買い求めになった動機は何ですか

1.テーマに興味があったので　2.タイトルに惹かれて
3.装丁・帯に惹かれて　4.著者に惹かれて
5.広告・書評に惹かれて　6.その他（　　　　　　　　　　　　　　　　）

■本書へのご意見・ご感想をお聞かせ下さい

■いまあなたが興味を持たれているテーマや人物をお教え下さい

※あなたのご意見・ご感想を新聞・雑誌広告や小社ホームページ・SNS上で
1.掲載してもよい　2.掲載しては困る　3.匿名ならよい

ホームページURL https://www.asukashinsha.co.jp

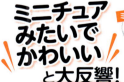

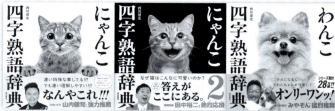

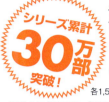

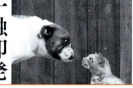

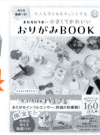

イラスト版 シリーズ最新刊!

「繊細さん」の本

人間関係も仕事もラクになる方法、集めました

60万部のベストセラー『「繊細さん」の本』に新しい情報を盛り込みながら、わかりやすくノウハウ化したイラスト版が登場! 仕事も人間関係もラクになる方法が絵でわかる!

武田友紀［著］　978-4-86801-033-3／1,650円

「繊細さん」の本

「気がつきすぎて疲れる」が驚くほどなくなる

「初めて自分のことがわかった」「この本に出会えてよかった」と共感が止まらない! HSP(とても敏感な人)を日本に広めた1冊。

武田友紀［著］

978-4-86410-626-9／1,540円

まんが版も好評!

わたしは繊細さん

武 嶌波［漫画］
武田友紀［監修］

978-4-86410-791-4／1,200円

プロだけが知っている 小説の書き方

ロングセラー6万部

森沢明夫［著］

978-4-86410-915-4／1,430円

ベストセラー作家が「絶対上手くなる」テクニックを初公開! 実際にデビューした人もいます! 「具体的で実践しやすい」と反響続々。ラノベ・マンガ・脚本にも対応した超解説!

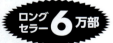

くじけないで

柴田トヨ［著］　978-4-87031-992-9／1,100円

「人生、いつだってこれから。だれにも朝はかならずやってくる。」――みずみずしく前向きな作風で読者の心を捉えて離さない「100歳の詩人」柴田トヨさん、永遠のベストセラー。

精神科医が見つけた 3つの幸福

樺沢紫苑［著］　978-4-86410-823-2／1,650円

「幸福」とは、「脳内物質」だった！ 簡単にできる習慣だけ！ 最新データとエビデンスをもとに、人生を充実させる方法を具体的にわかりやすく教えるまったく新しい本！ 9万部突破！

このプリン、いま食べるか？ ガマンするか？

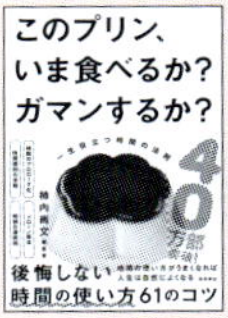

柿内尚文［著］　978-4-86801-002-9／1,650円

終わりある時間を後悔なく使うために知りたい、一生役立つ時間の法則！ 豊かな時間を過ごすには選択が9割。やるも選択、やらぬも選択。「前向きになれる！」と大反響！

時間を使いこなせば人生は思い通り 神時間力

星 渉［著］　978-4-86410-959-8／1,540円

全国書店で続々1位！！ ストーリー仕立てでよくわかる「上手な時間の使い方」現代人の時間に関する悩みを解決する1冊！ 本質的な時間の使い方が分かります。

材料2つとすこしの調味料で 一生モノのシンプルレシピ

長谷川あかり［著］　978-4-86410-973-4／1,540円

5刷! 売れてます! NHK『あさイチ』、日テレ『3分クッキング』出演で話題の料理家・長谷川あかりさんのとっておきレシピ。用意するのは「野菜1つ+メインたんぱく質食材1つ」のたった2つだけ。

蒙古タンメン中本が本気で考えた辛旨レシピ100

蒙古タンメン中本［監修］　978-4-86801-000-5／1,650円

日本一の超人気行列店・蒙古タンメン中本、初監修レシピ本！ 収録された和洋中100品がまさかの「全品、辛旨」。自宅で簡単・確実に辛くておいしい料理が作れる、激辛ファン待望の1冊です。

努力しても思わしい結果が出せないとき、「自分にはセンスがない」「時代が悪い」と、なんだか破れかぶれになって、すべてを投げ出したくなってしまうということは、誰しも身に覚えがあるでしょう。けれど、夢や目標に背を向けて諦めてしまうその前に、できうる限り、知恵を振り絞ってみてください。

仕事も人生も、結局のところ、最後まで「知恵を働かせる」ということをやめなかった人が笑うようにできているのだと感じます。

どんなにシビアに思える状況下でも、必ず抜け道はあり、希望の芽は見出せるものです。そして誰にでも必ず、強みがあり、武器があります。

現状を打破するためのヒントや秀逸なアイディアは、無為に毎日を過ごしていたある日、突如として舞い降りてくるものではありません。徹底的に考え抜いたその先で、巡り合えるものなのです。

喜多川歌麿《きたがわうたまろ》の枕絵《まくらえ》（春画）デビュー作である『歌まくら』は、高い芸術性とこだわりを感じさせる画集。人妻の浮気や河童《かっぱ》に姦淫《かんいん》される海女《あま》、オランダ人夫婦の交わりなど、豊かなドラマや感情を描き出した、至高の作品集です。

『歌まくら』が発刊された一七八八年は、松平定信による「寛政の改革」が始まったまさに翌年のこと。男女の交わりを描く春画はもとより高い需要を誇るジャンルでしたが、古くからたびたび規制の対象になっていました。田沼時代が訪れたことで規制がゆるみ、公に出回るようになっていましたが、「寛政の改革」時代に突入すると、再び厳しく取り締まられるようになっていきます。それでもまだ改革初期の頃は容認されており、そのようなタイミングで刊行された作品集だったのです。

虫や花などの絵を得意としていた歌麿の、鋭い観察眼と緻密な写実力が存分に生かされた『歌まくら』は、春画でありながら、性的要素よりも芸術性を打ち出した一作であり、のちに「世界最高峰の春画」として誉れ高いものとなります。品行方正に自然界を描くことも、はたまた、当時はインモラルとされた男女の営みを描くこともできる、そんな歌麿の実力を鮮烈に世間に見せつけることとなりました。

本来であれば、すぐにでも『歌まくら』第二弾に取り掛かりたいところですが、時代がそれを許しませんでした。刊行後には規制が厳しくなって春画が禁止され、蔦重と歌麿は、次作を断念せざるを得なくなってしまったのです。

けれど、シフトチェンジしつつも、「このままで終われない」という思いで『歌まくら』の要素をふんだんに生かしたことで生まれた作品が、のちに浮世絵界に旋風を巻き起こした『美人大首絵《びじんおおくびえ》』だったのです。この作品の魅力である、女性たちの豊かな表情やさまざまなアングルは、『歌まくら』で培われたもの。結果的にこの『美人大首絵』は、『歌まくら』第二弾を出せなかった蔦重の無念を、大いに晴らすこととなったのです。

めざましい結果を出す人は、常に「ではどうする?」というスタンスを崩しません。仕事において、予定していた通りにことが運ばないことはいくらでもあります。そんなときに、ただ状況を嘆くのではなく、どうしたら現状を打破できるのか、もっと言えば、さらによい状況を生み出せるのかを考える人が勝者となれるのでしょう。

考えることを放棄するということは、戦いを放棄するということです。どんなに不利な状況でも、徹底的に知恵を絞ることを忘れてはならないのです。**何かを「ダメ」と禁じられたのなら、その状況を新たなアイディアを生み出すスイッチへと替えていく。そんな意識で知性を働かせられる人は、トラブルにも負けない、不屈の人です。**

Tsutaju's Message 22

今、とってておきのアイディアがあるなたへ

あえて「待つ」と勝負時がやってくる

今こそ動くときだ。

このチャンスは絶対に逃しちゃいけない。

人生においても、ビジネスにおいても、そんな「ここぞの勝負時」というタイミングが必ずあります。やり手と呼ばれる人はみな、この勝負どころをつかむ能力に秀でているもの。巧みにタイミングを見極め、速《すみ》やかに実行に移します。

蔦重も、機を逃さず、ターニングポイントをつくり出すことに、非常に長《た》けた人でした。

なかでも、のちに美人画で名を博すことになる喜多川歌麿《きたがわうたまろ》の売り出し方は、蔦重の功績のなかでも、圧巻のものだったと言えるでしょう。

もともと歌麿の画才は、虫、植物、貝、鳥などを描いた「狂歌絵本《きょうかえほん》」での精密なタッチで話題になっていましたが、『歌まくら』で見せた、女性たちを描く能力も蔦重は早くから見抜いていていました。

けれど、そこですぐに大々的な美人画の売り出しには着手しませんでした。

その頃、世間の美人画の波は、北尾重政《きたおしげまさ》や勝川春章《かつかわしゅんしょう》が手がける貫禄ある作風から、鳥居清長《とりいきよなが》が生み出す、伸びやかで明るい雰囲気の作風へと移ったばかりのタイミング。

鳥居清長はもともと役者絵の絵師でしたが、それがあまりに美しいと評判になったため、イレギュラーで美人画も描くようになった人でした。

ここで歌麿の美人画を打ち出したところで、後年「東洋のビーナス」とまで謳《うた》われた、清長の描く、健康的な八頭身の美人画ブームにかき消されてしまうことは明白でした。

「歌麿を美人画でデビューさせるのは、今じゃない。世間が清長の美人画に見飽きてからだ」。

蔦重はそう自分自身に言い聞かせ、万全のタイミングが訪れるまで、虎視眈々《こしたんたん》と機会をうかがいました。そして清長が鳥居派を継ぐことが決まり、人気絶頂の最中《さなか》に美人画から手を引くと、すかさず歌麿の美人画プロモーションに乗り出したのです。

歌麿の美人画は、画角も画期的なものでした。それまで美人画の主流だった全身像ではなく、顔面にフォーカスしたものとし、その心の内までもがありありと伝わってくるような、豊かな表情を描き出したのです。

日常を何気なく過ごす女性たちの、色香《いろか》も漂うような歌麿の美人画に、人々は心を潤わせ、熱狂。爆発的なヒット作品となりました。

一刻もはやくよい作品を生み出し、世間に知らしめたいと思うのが人情というものでしょう。けれど、**「機を見る」「待つ」ということも重要な戦略**なのだと、蔦重は教えてくれています。

時には勇気を持って機会を見送ることも大切です。そして「今だ！」というときにすかさず勝負をかける。それこそが「勘どころを押さえる」ということなのでしょう。

世の中の流れに疎《うと》ければ、最良のタイミングはつかめません。**日々、敏感に世間の動向にアンテナを張り巡らせる。そんな地道な習慣の連《つら》なりが、運命を変える「勝負ポイント」へと自分を誘《いざな》ってくれる**のです。

Tsutaju's Message 23

「裏切られた」と感じることがあったら

騙されたくないなら
知恵を絞る。でなければ
自分の愚かさを呪って、
二度と騙されないように
用心すること

『蔦重の教え』に出てくる教訓のひとつに、**「人を見たら悪人と思え」**というものがあります。いわゆる性悪説です。

なんとも無慈悲な言葉に聞こえますが、これは実は、すべてを誰かのせいにする他責思考によるものではなく、あくまで**自分の気を引き締めるための言葉**なのです。

信じていた人に裏切られたときのショックは大きいものです。

「自分の部下くらいは信じてやりたいが、店番を任せれば売上を横領して女に貢ぐし、きつく叱れば腹いせで井戸に売り物を放り込まれるし……」

蔦重の身にそういったことが起きるのも、一度や二度ではありませんでした。

また、蔦重の強すぎる信念についていけず、去っていく仲間や奉公人も少なくはありませんでした。

もちろん彼を慕ってくれる人たちも多かったものの、やはりどこか「孤高の人」だった蔦重にとって、孤独を極めるということは、捨て身の自由さを手にできる反面、漠然とした寂しさを感じさせるものだったのかもしれません。

　また、幼少期から男女の愛憎《あいぞう》を見て育った蔦重にとって、吉原通いの殿方が花魁《おいらん》に軽はずみに行ったリップサービスによって、彼女が半狂乱になる、あるいは逆に、遊女の手練手管《てれんてくだ》に客が翻弄《ほんろう》される……などといった事態も、日常的な風景。人の言葉を信用して馬鹿を見るのは自分だと、幼い時分に学んだのかもしれません。

　そういったなかで、**そもそも人に期待しない、もし誰かに裏切られて傷ついたとしたら、期待した自分を恥じること**……そんなマインドが醸成《じょうせい》されていったのです。

「人に裏切られたら、馬鹿だった自分を呪う」。これは決して、何かあったときに自分を責めろということではなく、その真逆です。**大切な自分が二度と同じ目に遭わないよう、自己防衛するための賢い術《すべ》**なのです。

　たとえば会社で、あなたの渾身《こんしん》の企画が、同僚に盗まれてしまったとします。

　そのとき、悪いのは相手であることは大前提ですが、自分自身にも隙《すき》がなかったか、今一度振り返ってみるのです。

うっかり相手を信用して、企画の概要を話してしまわなかったか。誰もが目につくところに、内容が網羅《もうら》された書類を置いてしまっていなかったか。

あるいは、この世で自分だけにしかできない企画であれば、そもそも相手に真似されることもなかったのではないか……そんなふうに、思いを巡らせてみるのです。

そして二度と同じ目に遭わぬよう、徹底的に策を凝らしていきましょう。


理不尽な目に遭ったとき、自分の何がいけなかったのだろう？と振り返るのは、いわば傷口をえぐるような行為です。できることなら蓋をして、目を背けたくなるのは当然ですよね。

でもそこをぐっと堪えて勇気を出し、自分のあり方を見つめ直せる人は、どのような経験も力に変えていくことができます。


「運が悪かったんだね、どんまい」で終わらせず、歯を食いしばってでもセルフフィードバックができる人こそ、一生進化し続けられる人なのです。

Tsutaju's Message 24

希望が消え入りそうなときに

「どうせ無理だ」と
あきらめる理由なんて、
探し始めたら
無限にある

時代を揺るがす作品を生み出したい。

寂れてきてしまった吉原に、かつての華やぎを取り戻したい。

自分のもとに通う新人作家たちの名を、世に轟《とどろ》かせたい。

そんなふうに、蔦重は常に、さまざまな夢と野心を抱いていました。

鱗形屋《うろこがたや》に依頼され、『細見』の改訂《かいてい》を成功させた頃の蔦重は、編集長として華麗な仕事ぶりを見せた直後であったとはいえ、まだまだ自身の野望を叶えるほどの、潤沢な資金も、十分な知名度も持ち合わせていませんでした。

けれど、そんな**「ないない尽くし」の状況のなかでも、常にその志は高く、また、「こうありたい」というビジョンは鮮明なものでした。**

蔦重にとって、**「何かが自分に欠けている」という状態は、いかなるときも、夢をあきらめる理由にはなり得ませんでした。**「足りない何か」は、心を折れさせるためではなく、むしろ心に火をつけるための起爆剤だったのです。何かを持っていないのなら、別の何かで補填《ほてん》すればいい。たとえばまだ十分な地位や資金がないのなら、そのぶん、知恵と工夫で補えばよいという思考の持ち主でした。

山東京伝《さんとうきょうでん》作『江戸生艶気樺焼《えどうまれうわきのかばやき》』も、そんな蔦重の気概《きがい》と発想から生まれた作品の一つと言えるでしょう。

主人公・艶二郎《えんじろう》は、容姿には恵まれないながらも強い自惚《うぬぼ》れを持っており、「恋多き男になって浮名を流したい」と渇望します。金持ちの息子であった艶二郎は、金に任せてさまざまな計画を立てるものの、そのどれもが的外れで、なかなか努力は報われません。けれども、悪戦苦闘するうちに、その軽薄な思いを改め、やがて良識的な人間へと成長していく……という物語です。

艶二郎の滑稽《こっけい》な言動の数々は江戸の人々を面白がらせ、「艶二郎」が「自惚れ」の代名詞になるほど、大きなブームを巻き起こすとともに、この作品は、のちに「洒落《しゃれ》本《ぼん》（主に遊郭をテーマに、男女関係、人間関係の機微をシニカルに描くジャンル）」の代表作の一つと称されるようになりました。

長らく吉原に身を置いていた蔦重と京伝。そこで生まれるさまざまな男女模様を日常的に目にしていたことを武器に、二人は、男女の色恋を軸とした、ユーモアと風刺溢れる作品を生み出したのです。こうして蔦重は京伝を、アダルトジャンルにおける、巨匠的存在へと育てていきました。

吉原は身売りされた女性たちが集う場所ですから、そこで生まれ育ったという蔦重の境遇は決して恵まれているとは言えず、卑屈に思ってしまっても仕方のないものでしょう。けれど、むしろその点を誇り、仕事において最大限に生かしたところに、私たちは彼の強さを見ることができます。

手に入れられなかったもの、足りないものに目を向ければ、夢を放り投げるための言い訳なんていくらでも思いつくもの。でも、そんなときこそ却って闘志を燃やし、むしろその状況をプラスに転換させるのが、蔦重スタイルだったのです。

たとえばキャリアにおいて、遠回りをしてしまったとやるせなく思うとき。その遠回りした道でしか得られなかったものがあります。苦手なものがある自分を歯がゆく思うとき。その「苦手」と思う感性を、仕事で生かす道はきっとあります。

どんな苦い状況も、不足しているものも、あなたの夢を阻む理由としては不十分なもの。「自分だからこそできる仕事」というものが、誰にだって必ずあります。意欲が消え入りそうになったときは、そのことを思い出してください。

Tsutaju's Message 25

叶えたい夢があるあなたへ

そのために何ができるのか、合理的に逆算して考える

熱狂と堅実。この二つの要素が共存しているのが、蔦重という人間でした。途方もない夢を思い描き、取りつかれたようにメディア王を目指すその姿は、熱狂する人そのもの。しかしながら、熱く野心をたぎらせる傍ら、「それでは今の自分には何ができるだろう」という、極めて現実的なプランニングを欠かすことはありませんでした。

彼は常に、逆算して物事を考えていました。まずありきは、鮮明で詳細なビジョンです。自分は将来的にどうなりたいのか、何を成し遂げたいのか。常にその未来像は、壮大でありながらも具体的なものでした。

そして**目標を定めたら、ゴールまでの道筋を細分化して考えていました。**そうすることで、今の自分がなすべきことを明確にしていたのです。

到達点を定め、そこに行きつくまでの道のりを細密に逆算していた蔦重にとって、目の前の物事はどれも、重要な意味を持つもの。すべてはゴールへとつながる大切な伏線へと化していきました。

たとえば、出版の聖地、日本橋への出店を目標に掲げれば、それに先立ち、まずは経営基盤を固めることが必要だという結論に達します。

そこで、その頃すでに軌道に乗っていた『蔦屋版吉原細見《つたやばんよしわらさいけん》』に加え、音曲《おんぎょく》の詞章《ししょう》を掲載した本（富本節《とみもとぶし》の正本《しょうほん》）や稽古本《けいこぼん》、さらに、『往来物《おうらいもの》』と呼ばれる各種教本など、安定した売り上げが見込める本の出版にも着手。自身の経営をさらに盤石《ばんじゃく》なものにし、日本橋出店に備えたのです。

あるいはまた、歌麿の才能を見出した際には、歌麿を先述の狂歌連《きょうかれん》（狂歌を詠む者たちのグループ）に出入りさせるようにします。

そこで、名士たちが詠む狂歌に合わせて、歌麿に即興で絵を描かせたのです。時にはそのまま、詠み手にプレゼントをしていたかもしれません。こうして歌麿の、即座に絵が描ける実力を披露することで、贔屓《ひいき》にしてもらえるよう取り計らいました。

その読みは見事に的中し、歌麿は虫と植物をテーマにした多色摺狂歌絵本《たしょくずりきょうかえほん》、『画本《えほん》虫撰《むしえらみ》』を含む狂歌絵本三部作で名を上げ、見事、一流絵師の仲間入りを果たしたのです。

蔦重は、**超合理主義者**だったと言えるでしょう。**逆から考えるからこそ、自ずと効果的で無駄のない計画や施策を思いついていた**のです。

千里の道も一歩から。壮大な夢の実現も、目の前の小さな努力から始まっていくものです。

たとえばあなたが何らかの開発や企画に携わっていて、数年内に大きなヒット商品を生み出したいとします。そこから逆算して考えてみたら、今なすべきことが自然と浮かび上がってくるはずです。

それは市場のニーズをもっと深く知ることかもしれないし、身近なヒットメーカーに話を聞くことかもしれません。さらに、そのためには普段からもっと人と接したほうがいいとか、知識を蓄えたほうがいいとか、なすべきことは細分化されていくでしょう。そうすることで壮大な夢も現実味を帯びて、今この瞬間、力を注ぐべきことに、迷いなく集中することができるはずです。

仕事ができる人というのは、長期的な目標、中間的な目標、短期的な目標の3つをセットで持っています。蔦重は、このビジネスマインドを地でいっていたのです。

Tsutaju's Message 26

クリエイションの極意

枠は打ち破るためにある。
一番気持ちいいのは、
誰も思いつかなかったことを
やる瞬間

「リスクをとらないというリスク」という言葉を聞いたことがあるかもしれません。既存の枠を飛び越えるとき、新たな挑戦に踏み出すとき、多くの場合、そこには危険が伴い、リスクが生じます。

それではやはり、決められた枠の中で穏やかに、おとなしく過ごすのが安全なのでしょうか？

蔦重はきっと「否《いな》」と声高《こわだか》に叫ぶことでしょう。なぜならば、リスクをとらないことのリスクのほうが、ずっと怖いとわかっていたからです。

生涯を通じ、蔦重が最も恐れていたことは、「何も変化を起こせないこと」だったのではないでしょうか。

もちろん、この世には「安定」という充足もあるでしょう。けれど彼にとって、**人々のハッピーな笑顔は、「新たな刺激」からこそ生まれるもの**だったのです。

それまでの概念を覆すような仕掛けを生み出すことで、人を感動させられる。喜ばせられる。そして自分自身も、さらなる高みへと駆け上がっていくことができる。そんな美学を持っていたからこそ、前人《ぜんじん》未到《みとう》のビジネスモデルや作品を次々に生み出すことができたのでしょう。誰かがやったことをなぞらえるという生き方を強いられることは、蔦重にとって、いわば拷問に近いようなものだったのです。

もちろん、その後の出版人生においても、**「誰もやったことのないことをやる」ということが常に蔦重のテーマであり、原動力**でした。

たとえば喜多川歌麿の『美人大首絵《びじんおおくびえ》』は、幕府の禁令には触れてはいませんでした。色数も制限内ですし、着物姿の美人画ですから、好色と呼べるものでもありません。

けれど、**「みんなをあっと驚かせたい」**という信条を持っていた蔦重は、色数を減らしても豪華に見える「白雲母摺《しろきらずり》」という画法を用いて、背景を塗りつぶしました。

これは、「雲母《うんも》」と呼ばれる鉱物の一種を粉砕し、絵具に混ぜて塗る手法。まるでパールのような、淡く上品な光沢を生むものです。

実はこの手法はすでに、歌麿の出世作、『画本虫撰《えほんむしえらみ》』制作時に使われていました。蔦重と歌麿はこの作品で、さまざまな実験的手法を試みていたのです。

しとやかに美しく光る背景は、女性の姿を大いに引き立たせ、見る人をうっとりさせました。

あるいは、力士や役者の錦絵が、タレントのブロマイド的な人気を得ていることになぞらえ、狂歌絵本において、狂歌師たちの肖像画を載せるという試みに乗り出します（山東京伝『吾妻曲狂歌文庫《あずまぶりきょうかぶんこ》』や『古今狂歌袋《ここんきょうかぶくろ》』など）。人気狂歌師たちの顔も拝めるとして、これらの作品も人々の間で話題となり、狂歌絵本ブームを一気に加速させました。

こんなふうに、「新しい価値観を生み出したい」と思うからこそ、**一見関係のないような分野を結びつけて考え、斬新なコラボレーションを実現**することも蔦重の得意技でした。矢継ぎ早に型破りなアイディアを生み出す蔦重に敵《かな》う版元など、もはやどこにもいませんでした。

新たな歴史をつくるのは常に、リスクをものともせず、未開の地に足を踏み入れる覚悟を持った人だけです。

新たな自分に出会いたいと思うなら、臆せず枠を打ち破ってみてください。その愉《ゆ》悦《えつ》を知ったとき、もう挑戦のない人生には後戻りできなくなるはずです。

Tsutaju's Message 27

時間が足りないと感じているあなたへ

最優先事項だけ自分でやって、あとは潔く人に任せる

いつも余裕がなく、時間に追われている。

忙しい現代ビジネスパーソンの方々にとって、時間の足りなさは普遍的な悩みであることでしょう。もっと時間があったなら……そんな嘆きを抱えながら、私たちは日々を生きています。

そんな多忙な日々を緩和してくれるのは、「自分以外の人の手を借りる」あるいは、「自分以外の人に任せる」ということです。

できる人ほど、お願い上手です。自分の手に負えないことは、潔くほかの人に託すというスキルに長《た》けているのです。

そうすることで、自分が一番優先したいことに、時間もエネルギーも惜しみなく注ぐことができるようになります。

蔦重の一日は、とても長く、そして慌ただしいものでした。

大門が開く朝六時は、遊女たちが宿泊客を見送る時間。おそらく蔦重も時には遊女たちに交じって、関係性をつくりたい大御所の見送りなどを行っていたことでしょう。

客の見送りを済ませた遊女たちは、一度仮眠をとり、十時頃に起床します。入浴と食事を済ませ、上級の花魁《おいらん》は稽古場に出向き、教養や技術を身につけるなどしていました。

その後、すぐに昼営業を迎えますが、昼の時間帯はさほど忙しいわけではありません。必然的に、このひとときは蔦重にとって、見世に貸本を持参して、彼女たちや見世の人間たちと交流し、情報を収集するための貴重な時間となっていきました。

そして客数も増える夕方を迎えれば、吉原を訪れる作家たちを接待したり、営業活動をしたりと、人脈づくりに余念がありませんでした。

書店を経営しながら、情報収集をしたり、人との交流の場に足しげく通ったりしていたわけですから、その毎日は超多忙なものだったことでしょう。

蔦重にとって何より大切だったのは、とにかく人と会って情報を集め、関係性を築いていくこと。それが最優先事項でした。

こういったなかで、自分の手が行き届かないところは番頭《ばんとう》に任せ、書店の切り盛りを委《ゆだ》ねるなどして時間をつくりだしていたのです。


成功者はみな、物事の優先順位がはっきりとわかっている人たちです。自分でなければできない仕事や、自分が注力すべきポイントを見極めています。そして、その大切なことに掛ける時間を捻出するために、そのほかのことは、上手に人に任せることができます。

そしてまた「人に任せる」というのは、特に賢いリーダーのたしなみであると感じます。

任せるということは、相手の得意なことを見抜き、その能力を信じるということ。人に何かを託すということは、相手の可能性を引き出すということです。

そのようなリーダーが率いる組織は、自ずとメンバーたちの士気が上がり、全体のレベルも底上げされていきます。

Tsutaju's Message 28

「賭けに出たい」と思ったときに大切なこと

大胆なことをしたいなら、
同時に手堅い仕事も
押さえる。
それが信頼を生んでいく

「斬新なアイディアを次々と放つ異才」という印象が色濃い蔦重ですが、これまでにもお伝えしてきたように、冷静で緻密なビジネスパーソンであったことを忘れてはなりません。

奇抜で自由奔放にも見えた仕事ぶりは、あくまで堅実な戦略の上に成り立っているものでした。

世の中に「絶対」はありません。蔦重はそのことをよく理解していました。**ビジネスとは、いわば博打《ばくち》です。**成功する確率が100％のものなどありません。前人未到《ぜんじんみとう》のことを成し遂げようとするなら、なおさらリスクは跳ね上がります。

どんなに斬新なアイディアを思いついたとしても、それが確実にうまくいく保証はどこにもないということは、常に肝に銘じていたことでしょう。

だからこそ、思いきったビジネスに挑戦するその傍《かたわ》らでは、**「着実に利益を得られる事業」**も大切にすることで、抜かりなく地固めをしていきました。

たとえば本の世界でいうと、今の出版業界にも大いに通じることですが、**書籍の特性は、「どう転ぶかわからない本」と、「ある程度、安定した売り上げが見込める本」の2パターンに、大まかに分類することができます。**

前者はいわゆる、チャレンジングで尖《とが》った企画。たとえば、影響力が未知数の新人作家のデビュー小説や、突飛で独特な内容の本などが挙げられるでしょう。

大失敗に終わるリスクも孕《はら》んでいますが、その独創性が読者の心をとらえ、ヒット作に化ける可能性も秘める作品群です。

一方の後者は、爆発的なヒットは期待できないものの、一定数のニーズを満たすことによる、安定的な収益が見込める作品たち。現代でいうと、何かを学ぶための教科書的な本、あるいは手芸などのハウツーを掲載した実用書などがこれに当たります。

派手さにはやや欠けるかもしれませんが、一定の需要があり、かつあまりトレンドに左右されないことから、長きにわたって売っていくことができ、堅実に収益を生み出していけます。

こうした**チャレンジングな事業と、手堅い事業。蔦重はこの二種類のビジネスのバランスのとり方に、非常に秀でていました。**

彼自身が心から喜びを感じていたのは、前者の「大胆な仕事」の数々でしょう。けれど、ビジネスの世界はそんなに甘くはないのだということは常に胸に刻まれていました。

利益を追求することが、商売人の使命です。「利益は出なくても楽しいから」という姿勢では、単なる自己満足の遊びになってしまいます。だからこそ、この両軸の調整を図りながら、商売をしっかりと成り立たせていたのです。

会社員や組織人の方にも、もちろんこの法則は当てはまります。

社内で思いきった挑戦をしたいと思うときこそ、手堅い仕事も大切にしましょう。着実に仕事をこなし、着実に利益を生む。その確実性が信頼を生みます。

その信頼はあなたを守る盾になると同時に、やがて大きな挑戦への道筋をつくってくれるはずです。

Tsutaju's Message 29

プロジェクトの極意

仕事というのは、根回しが十割

「回す」という言葉が、蔦重ほどぴったりな人もいないのではないでしょうか。仕事を回す、気を回す、根回しをする……「回す」とはどこか、多方面に気を配りながら、ことを進めていくような印象を与える言葉です。

蔦重は各所に関心を向けて人脈を広げ、「自分はこんなことを実現したいんだ」という想いやアイディアを発信することを、いとわず行っていました。

その**地道な根回しが、彼の功績を支えた大きな柱であったことは間違いありません。**

たとえば、あなたが会社に勤めていて、「いつかこういうプロジェクトに参加したい」と考えているとします。そうしたら、その気持ちを日頃から周囲の人の耳に入れるようにするのです。そのようにして**周りを巻き込み、味方を増やしながら準備を進めていきましょう。**

そうすればやがて機会が訪れたとき、あなたに白羽の矢が立つ可能性は、ぐんと高まります。

とにかく、何かに挑戦したいと思ったのなら、その事前準備を怠ってはならないのです。**根回しをせずにことに当たるというのは、いうなれば普段着で登山するのと同じこと。**無防備な状態で険しい山道に臨んだらどうなるかは、火を見るよりも明らかでしょう。

狂歌連《きょうかれん》や吉原連《よしわられん》といった集いにこまめに参加するなど、日頃からさまざまなところに顔を出すことは、蔦重にとっては重要な任務の一つでした。

張り巡らせたネットワークは、蔦重の財産であると同時に、いわば大事な商売道具。人々と密な関係を構築していくことが、将来的な大物作家の確保や、販路の調達へとつながっていったのです。言うなれば、日常的に根回しを行っているようなものです。

たった一つのコネクションを持っていることが、夢や野望の実現につながったということは、往々《おうおう》にしてあるもの。蔦重はそれをよく知っていたからこそ、日夜、人々と活発に交流し、自分の夢やプランを口にしていました。

蔦重が亡くなった後の蔦屋から、『椿説弓張月《ちんせつゆみはりづき》』に代表される、曲亭馬琴《きょくていばきん》と葛飾《かつしか》北斎《ほくさい》がタッグを組んだ大ヒット作が刊行されました。※　これらは当時、『南総里見八

※馬琴は山東京伝の紹介、北斎は勝川春章の弟子。

犬伝』よりも高い人気を誇りました。この見事なコラボレーションも、蔦重の強靭なネットワークから生み出されたものと言えるでしょう。

そして、人脈を広げていくときに忘れてはならないのが、礼儀、そして相手を慮《おもんぱか》る気持ちです。

たとえば、自分がずっと会いたいと思っていた人に、人を介して会わせてもらったとき。もし紹介者が同席しなかったのなら、憧れの人に会ったその日のうちに、紹介者に一報を入れるようにしましょう。

紹介してくれた人は、「うまくいったかな」と気を揉《も》んでいたかもしれません。そうでなかったとしても、その人のお蔭でつながったご縁ですから、ことの成り行きを報告するとともに、改めてお礼を伝えるのはとても大切なことです。それが礼を尽くすということなのでしょう。

自由な江戸っ子風情の蔦重ですが、彼自身、そういった礼節をとても大切にする律儀な人でした。礼をわきまえ、方々に気を回す人柄だったからこそ、みんなが彼に惚れ込み、「ともに仕事がしたい」と集ってきたのです。

Tsutaju's Message 30

「頭がいい人」の対人スキル

気の合わない人にほど丁寧に対応する

仕事において、「気の合う仲間とだけ関わっていればいい」ということはほとんどないでしょう。たいていの場合、職場や仕事で接する人のなかには、反《そ》りが合わない人、どうにも苦手な人もいるものです。

嫌いな人には、つい無愛想に接したり、素っ気ない対応をとったりしてしまうのが人情というもの。

けれどその気持ちをぐっと抑えて、**「苦手な人にこそ丁寧に接する」**ということを心がけてみてはいかがでしょうか。

両親の離婚後、茶屋に引き取られ、幼い頃から下働きとして接客業に従事してきた蔦重は、人の心理の機微というものに非常に敏感でした。

「嫌いな相手にこそ丁重に、上品に対応する」というのは、人間の心の動きを知り尽くした彼が編み出した、賢い処世術だったのです。

そこには、「無礼な態度をとって、相手につけ入る隙を与えてなるものか」という蔦重の思惑がありました。

相手がどんなに気の合わない人間だったとしても、杜撰《ずさん》な対応をとれば、評価を落とすのは自分です。自らそんな弱みをさらけ出すのは、決して賢明なやり方ではないということを蔦重はよくわかっていました。

幼少期から接客の極意を叩きこまれてきた蔦重は、普段はどんなに強気でぶっきらぼうな口調で話していたとしても、余所行《よそい》きの接遇《せつぐう》などお手の物だったことでしょう。そのスキルを武器に、**苦手な相手にこそ、非の打ちどころのない、完璧な態度で応じ、批判や攻撃を未然に防いでいた**のです。

そしてまた、**徹底して丁寧な姿勢を崩さないことで、苦手な相手と一定の距離感を保つ**ことも狙いでした。

人は気を許した相手にこそ、軽口を叩いたり、ちょっと無礼なジョークも言えたりするもの。それは誰しも、身に覚えがあることでしょう。

であるならば、意識的に礼儀正しい態度をとり続けることによって自分を防御し、苦手な相手との仲が深まっていかないようにするのです。

苦手な相手に対し、その感情を露骨に見せるのは、あまりに無防備なやり方です。「気心が知れないからこそ、用心されているのです。相手の気に沿わぬことをして、隙や借りを作りたくないというのが一つ。また、必要以上に丁寧に接していれば、敵視されることも、今以上に親密になることもなくて済みます。つまり、『他人行儀』という幕を張って、相手との距離を保つのでございます」（『蔦重の教え』より）とあるように、気の合わない人にほど、意識的に丁重に接して自己防衛するのが得策です。そうすることで、一見丁寧に心を寄せているように見せつつも、実はそれ以上は踏み込ませないように、強《したた》かにコントロールすることができます。

程よい距離の保ち方を知っている人は、相手に振り回されない賢い人。自分の心を防御し、煩《わずら》わされることなく、なすべきことに力を注ぐことができるでしょう。

Tsutaju's Message 31

「優位に立ちたい」という想いが強くなってしまったら

一番の目的を忘れない。
その目的を
果たすためなら、
「馬鹿なふり」もいとわない

「馬鹿にされたくない」「馬鹿だと思われたくない」という想いは、人としてごくごく自然なものと言えるでしょう。誰だって、見下されれば腹が立つものですし、たとえば知識や能力の乏しさなどを指摘されたら、決して快い気持ちにはならないものです。

けれど、その感情が増幅し、「馬鹿にされない」ことを最優先事項にしてしまうと、たちまち物事の本質を見落とすことになります。

馬鹿にされることを、恐れないでください。むしろ、いくらでも馬鹿にされていいのです。それが、一番大切な目的のために役立つのなら。

あなたが今、一番叶えたい目標はなんですか？　その目標に近づけるのなら、大いに馬鹿のふりをしましょう。

温かみのある人間性とフットワークの軽さで、広大なネットワークを築いていた蔦重のもとには、まるでさまざまな船が港に集うように、多種多様な人材たちが寄ってきました。そこには武士や職人、芸術家など、高いプライドを持ち、自分の価値観に絶対的な正しさを見出しているような人も大勢います。その気難しさに蔦重が辟易《へきえき》したことも、一度や二度ではなかったことでしょう。

けれど、どんなタイプの人にも柔軟に合わせ、瞬時に心をつかむ人心掌握術《じんしんしょうあくじゅつ》を持ち合わせていることは、幼少期から接客のメソッドを学んできた彼の強みでした。

相手のちょっとした仕草や表情などを洞察しながら、それに合わせて自身のキャラクターを自在に変えていくことに、まったく迷いはなかったほか、それで相手の気分がよくなるのなら、馬鹿のふりをすることなど、いくらでもやってのけました。

人は誰しも、敬《うやま》われれば嬉しくなるし、頼られれば張り切るものです。蔦重はそんな心理を十分に理解し、器用にくすぐることで懐《ふところ》に入り込んでいきました。

「俺は学がねぇから教えてくれよ」。「俺は馬鹿だから、お前がいないと何にもできねぇや」。

もしかしたらそんな自虐的なセリフも、ためらいなく口にしていたかもしれません。そうすることで相手は自己肯定感を高め、気分よく仕事に臨めたことでしょう。

蔦重にとって大切だったのは、人に馬鹿にされないことではなく、「メディア界を牽引する存在になる」という夢を果たすこと。たとえば目の前にいる人が稀代《きだい》の人気絵師だったとしたら、その心をくすぐり、仕事を取り付けることで、また夢に一歩近づくことになります。そのためには喜んで馬鹿のふりができたのです。

情に厚く、茶目っ気のある蔦重が「天性の愛されキャラ」だったことは間違いありませんが、人間関係において、有能なビジネスパーソンとしての算段も大いに働かせていたこともまた事実です。

上手に「馬鹿」を装える人は、上手に人の心をつかみ、夢を叶えていける人です。

いかなるときも、目的を見失ってはいけません。

「馬鹿にされたくない」というそのプライドは、大切な夢を遠ざけてまで守るべきものですか？　本当のプライドとは何でしょう。一度、ご自身の胸に問いかけてみてください。

column 3

世界を広げてくれる、シガー・バーのすすめ

蔦重が活躍した頃は、湯屋《ゆや》（銭湯）も大事な情報収集の場でした。

江戸の湯屋は、男湯にだけ二階があり、有料の娯楽スペースになっていました。そこで将棋を打ったり、本を読んだり、お茶とお菓子を楽しんだりすることができたのです。そこは言うなれば、男性のための「井戸端《いどばた》会議場」。

蔦重がここを有効活用しなかったとは考えづらく、ユーミンこと松任谷由実さんが、お忍びでファミレスに通い、作詞のための情報収集をしているように、行く先々で各地の湯屋に顔を出していたのではないかと推測されます。

ここで、特に男性には有効な、情報収集のためのマル秘テクニックを一つ、お教えしましょう。

それは「シガー・バー」に通うことです。もちろん、喫煙を推奨するつもりはありません。ですので、「絶対にタバコなんて吸いたくない」という方は遠慮なく読み飛ばしてください。

禁煙が当たり前となった現代、喫煙者の方々はさぞかし、肩身の狭い思いをしていることと思います。そんな時代において、喫煙する成功者にとっては、もはやそれは高尚な嗜《たしな》みの一つであると言えるかもしれません。パイプや高級な紙巻煙草、あるいは煙管《キセル》を吸う人もいますね。

シガー・バーは、まるで選ばれた人たちだけが集っているような、背徳の気分に浸れる場所。そこに居合わせた人同士の仲間意識を高めてくれます。たとえあなたがまだ若い年齢だったとしても、「若いのにこの楽しみがわかるのかい？」と、大物が声をかけてくれる可能性は高いと言えるでしょう。そこから、日常生活のなかではなかなか手にできないような情報に触れたり、すばらしい人脈を構築していったりできるかもしれません。

同様に、会員制のスコッチ・バーなどもいいかもしれませんね。成功者が集まって、ゆったり過ごしている……そんな場があったなら、勇気を出して飛び込んで、蔦重のように自分の世界を広げてみてください。

第4章

仕事を愛す

厳格な「寛政の改革」のもと、突出した仕事をすればするほど、幕府から抑圧されていった蔦重でしたが、何度転ばされようとも、不屈の精神で再び立ち上がりました。

何度でも立ち上がることができたのは、仕事を心から愛していたからです。「親もいない、埋もれた存在だった自分が、世の中からこんなにも評価してもらえるなんて」。そんな成功体験を重ねるほどに、仕事への愛と感謝は溢れます。「メディアの力で世の中を変えたい」という使命感も強まっていきました。

好きなことでお金を稼げて、人様も喜ばせることができるなんて、最高の境地です。蔦重はきっと日々、その幸せを噛みしめていたに違いありません。

けれど今、そんなに好きとは言えない仕事に就いて、ややもやとした気持ちを抱えているという方も多いことでしょう。「好きなことを仕事にするなんて、夢物語だよ」という声も聞こえてきそうです。

忘れてはならないのは、どんな職業も尊いものだということです。仕事をするということは、それだけでとても美しいことなのです。

仕事のために生きているわけじゃない、と人はよく言います。それにはもちろん、私も同感です。仕事のために無理をして、体や心を壊してしまっては本末転倒です。

けれど、「この仕事のために生きている」という想いで仕事に励むことは、極上の幸福感を与えてくれます。

本気になるほどの仕事じゃない、と思われるかもしれません。でも、本気になるのはただなのです。ならばいっそのこと、一度、死にもの狂いで仕事に取り組んでみませんか？

仕事が好きだから本気で取り組むのか。本気で取り組むから仕事を好きになるのか。「卵が先か、鶏が先か」のようなものですが、無我夢中で取り組んだ先にはきっと、これまで見たことのなかった景色が広がっているはずです。

大丈夫です。本気になるための方法なら、蔦重がいくらでも教えてくれます。

苦しみの中でさえも仕事の楽しさを見出し、しっかり地に足を踏みしめて前進し続けた蔦重から、そのヒントを授けてもらいましょう。

Tsutaju's Message 32

最高の結果を求めるあなたへ

遊ぶように
仕事をする人には、
結局、誰も敵《かな》わない

遊ぶように仕事をするというのは、仕事に勤《いそ》しむすべての人にとっての、究極の理想なのではないでしょうか。

蔦重が、仕事が好きで好きでたまらなかったであろうことは、きっともう読者の皆さんは気づいていることでしょう。

この作家とこの絵師を組ませたら、絶対に面白いことになる。

こんな画法を用いたら、これまでになかった新しい作品が生まれる。

そんなふうにして新たな仕掛けやプランを考えているとき、蔦重の瞳はきっと、少年のようにキラキラと輝いていたはずです。

仕事に恋い焦がれ、溺れ込み、沼っていなければ、こんなにも人々を熱狂させる世界観は生み出せないもの。「世の中をあっと驚かせたい」という想いを原動力に突き進んでいた蔦重のなかには、いつまでも、いたずらっ子の精神が宿っていたに違いありません。

作品が好き。人が好き。吉原が好き。だからみんなを巻き込んで楽しみたい。蔦重のそんな、わくわくとした気持ちは「粋《いき》」なはからいとなって、人々を熱狂させるプロジェクトへと昇華《しょうか》されていきます。

やがて**「蔦重のところから本を出したら売れる」**という評判はたちまち広まり、蔦重に本をプロデュースされることが、作家たちのステータスになっていきました。そのようにして、ライバルの版元たちを華麗に蹴散《けち》らしていったのです。

「これが好き」という想いは、とてつもなく清らかで熱いものです。

仕事を好きでいられる人は無敵です。**まるで恋するように仕事に取り組んでいる人に、義務感や不安感から仕事に臨む人が、太刀打《たちう》ちできるわけがないのです。**

本当に好きなことをしているとき、時間はあっというまに過ぎていき、疲れを感じません。だから、自分の好きなことを仕事にするということができたなら、もう幸せを約束されたも同然でしょう。

自分の好きなことを知るための鍵は、幼かった頃のことを思い出してみること。小さなとき、あなたはどんなことに夢中になっていましたか？　そこに、あなたの「好き」のヒントが隠されています。

とはいえ、好きなことがわかったところで、実際にはそんなに簡単に転身なんてできません、という方もたくさんいらっしゃると思います。

そんなときは、**今の仕事のなかに「好き」の欠片《かけら》を見つけてみてください**。どうしても業務自体を好きになれないのなら、「給湯室で淹れるコーヒーが美味しい」とか、「オフィスの周りを散歩するのが楽しい」とか、そういったことでも十分です。

何かを好きと思う気持ちは、あなたの心を輝かせるとともに、呼び水となって、さらなる「好き」を連れてきます。そのようにして「好き」の連鎖が起きていった先の風景は、今とは大きく様変わりしたものになっているはずです。

Tsutaju's Message 33

仕事のやる気を出したいあなたへ

自分の仕事にときめける人は無敵

前の項目にも通じますが、蔦重はとにかく、新しい企画を練るのが大好きでした。常に頭の中は、「今度はどうやって世の中のみんなを驚かせてやろうか」ということでいっぱい。斬新な作品が生まれるたび、世間の人々は熱狂しましたが、毎回、一番高揚していたのは蔦重自身だったのかもしれません。

「てめえが好きでやってる仕事が人に喜んでもらえるなんてよ、こんな目出てえことはねえと俺は思うぞ。それこそ天分を活かす、ってやつだ。俺が版元なんて商売を始めたのも、てめえの好きと、人様を驚かしてえ、喜ばしてえって気持ちが合致したからだ」とは、『蔦重の教え』に出てくる蔦重の言葉です。

蔦重は自身の仕事に、心底惚れ込み、ときめいていました。だからこそ、寛政の改革で弾圧されながらも、矢継ぎ早に面白い仕掛けを思いついていったのでしょう。

たとえば遊女の絵を禁じられれば、代わりに町で評判の美しい娘たちの着物姿の絵に、彼女たちの名を入れて売り出します。これもたちまち大評判となり、モデルになった彼女たちは、まるで「会いに行けるアイドル」状態に。お店には行列ができるほどになりました。それに対して、美人画に特定の人物の名を入れることを禁じられれば、今度は暗号のようなもので対抗……と、制圧に屈することなく、遊び心に満ちた仕掛けを繰り広げていったのです。

ときめく心は熱いエナジーとなり、作品たちに宿ります。消費者、購買者は、作り手が思っている以上に研《と》ぎ澄まされた感性を持っているもの。ときめきが宿った作品であれば、敏感にそのエネルギーを察知します。

大好きな人と、そうでもない人と、あなたはまったく同じ態度や感情で接することができますか？　おそらくほとんどの人にとって、それは至難の業《わざ》でしょう。

仕事もそれとまったく同じです。仕事を愛している人と、そこまでの思い入れのない人とでは、仕事に向き合うときの姿勢には、その所作《しょさ》一つひとつに及ぶまで、歴然とした差が生まれてくるはずです。

どんな職種であっても、あなたがその仕事に愛情を持っていれば、それは必ず周囲に伝播《でんぱ》していきます。

仕事において、ときめく心を持てる人は最強です。好きだからこそ全力を尽くせるし、愛があるからこそ真心を込められます。そんなふうにして手がけた仕事が、人の

心を動かさないわけはありません。だからこそ蔦重はいつでも胸を張って、作品たちを世に送り出すことができたのです。

好きな仕事をしていると、「働かされている」という感覚はなくなっていきます。

そこにあるのは義務感や疲労感ではなく、楽しさや爽快な没入感でしょう。

私自身、周囲から「歴史小説を書くなんて、調べ物が多いから大変でしょう」と言われることも多いのですが、資料を調べるのは、まったく苦ではありません。

江戸文化が大好物の私にとって、調べ物に没頭している時間はとても楽しく、心躍るひとときです。「えっ、そうだったの⁉」「あれとあれがこう繋がっていたのか……」などと新しい発見をするたび、高揚感に満たされます。

時間を忘れて何かに夢中になっているとき、脳はいわゆる「フロー状態」にあります。リラックスしながらも高い集中力を発揮するこの状態なら、アイディアやひらめきも降りてきやすくなります。

どんな状況のなかにも、必ずときめきの種はあります。どんなにささやかだったとしても、まずはその種を大切に育ててみることが、自分を輝かせてくれます。

Tsutaju's Message 34

ちょっと寂しがりやなあなたへ

健やかな自尊心と承認欲求は、強い原動力になる

驚くような成功を収めた人のなかには、幼少期、家庭環境に恵まれなかったという人も多くいます。

小さな頃、親から十分な愛情を受けたり、認められたりするという経験が乏しかったことを埋めるかのように、「周りから評価されたい」という想いが人一倍強くなり、ハードな努力もいとわなくなるためです。

幼い蔦重も、両親が自分のもとを離れていったことで、強い孤独感を感じたことでしょう。

もっと自分を見てほしかった。もっと褒めてほしかった。そんな寂しさは、大人になってからも、常に心のどこかにつきまとっていたかもしれません。あるいは不遇な生い立ちを持つ自分を、どこか後ろめたく感じてしまうこともあったかもしれません。

そのようなハンディを打ち消すかのように仕事に精を出したことが、彼を成功へと導いた可能性も否定はできません。

両親から褒められなかったぶん、たくさんの人たちからの称賛を浴びたいという思いも抱いていたはずです。また、いつか大物になることで、離れて暮らす両親に、自分の存在を知らしめたいという思惑もあったことでしょう。

もし恵まれた環境に生まれていたとしたら、「偉大なる出版人、蔦屋重三郎」は誕生していなかったかもしれないのです。

これは極端なケースと言えるかもしれませんが、**「評価されたい」「褒められたい」という思いは、時に大きな原動力となり、モチベーションを爆発的に上げてくれます。**

「褒められたいという想いで仕事をするなんて、邪《よこしま》なのでは？」と思われるかもしれません。

けれど、**人は社会的な生き物である以上、他者からの評価が気になるのは当然のこと**です。ですからその想いに無理やり蓋をする必要はないのです。むしろ開き直って、「褒めてほしい！」「すごいと思われたい！」という欲を最大限に活用してしまいましょう。

褒められる自分を想像しながら仕事をすれば、そのクオリティを高めていくことが

できるもの。逆にこういった想像力を働かせられなければ、「他者からの評価を気にしない」ということになり、結果的に独りよがりの仕事になってしまいます。

蔦重は常に、世間からの評価を真摯《しんし》にフィードバックしていました。自分の仕事、そして自分はどのように見られているのか、そしてどんなことを求められているのか。そのフィードバックに基づき、丁寧に分析することで、次につなげていったのです。

人目を気にすることに多くの人が疲れを感じ始めてきた現代は、「人に振り回されず、自分の好きなように生きる」ことの大切さが叫ばれていますね。もちろん、そんな姿勢は大いに自分を守るものですし、過度な承認欲求は、自身を追い詰めていくだけだと思います。

ただ、健やかな自尊心や適度な評価欲は、上手に利用すれば、驚くほどのパワーを与えてくれるもの。**「人の目なんて気にしない」とすかしている人より、「みんなに褒められたいんです！」と素直になれる人に、チャンスは舞い込んでくる**のです。

Tsutaju's Message 35

人の心を動かす仕事がしたいと思ったら

感動は
作り手の狂気から
生まれるもの

愛と狂気は常に隣り合わせ。どんな純愛も、クレイジーさを孕《はら》んでいるのです。愛するということは、ある意味では狂うということです。

だから、**とことん仕事に没頭しましょう。狂いましょう。それが仕事を愛するということです。**

時代を動かすのはいつだって、狂気に満ちた人たちです。狂っているから型を破れるのです。お行儀よくまとまっているだけでは、人々に、見たこともない景色を見せることなんてできません。

遊女を生け花になぞらえた紹介書、『一目千本《ひとめせんぼん》』から二年後の一七七六年。蔦重が企画出版した贈答本が大評判となり、彼の名が一躍、江戸中に知られることになりました。

北尾重政《きたおしげまさ》と勝川春章《かつかわしゅんしょう》の共作である『青楼美人合姿鏡《せいろうびじんあわせすがたかがみ》』というこの作品は、吉原の遊女たちの姿を艶やかに描き出した、美しい作品。遊女たちが琴や書画、すごろくといった芸事に励み、教養を身につけている様子などを、季節感たっぷりに描きだした優美な錦絵《にしきえ》です。モデルとなった遊女は、各見世《みせ》を代表する部屋持ちの花魁《おいらん》たちでした。

この作品に用いられたのは、極めて高度な多色摺《たしょくず》りの技術。『青楼美人合姿鏡』は、前例のない画法を惜しみなく駆使した、超豪華フルカラーの三冊組でした。さらに、用紙には高級紙である美濃紙《みのし》を用いるなど、隅々にまで趣向を凝らせました。

多色摺りは、通常であれば一度摺るだけのところを、幾重《いくえ》にも重ねて摺るという、特殊で難解な技法。当然のことながら、そこには熟達した技を持つ職人を起用します。北尾派と勝川派という、二大流派の巨匠二人の描いた繊細な筆致《ひっち》を殺さぬよう、着物の細やかなデザインやたわみ一つまでも、版画で完璧に再現しなければなりません。そのプロセスが決して平坦なものでなかったことは、容易に想像がつくでしょう。

また、喜多川歌麿を一躍有名にした、先述の『画本虫撰《えほんむしえらみ》』（虫や植物が描かれた狂歌本）も、恐ろしく凝った彫摺《ほりすり》が施された一冊です。

精密に描写された虫や花々の、繊細な線を彫るのも大変なことですが、通常なら墨一色で摺る主版《おもはん》（ベースとなる版木《はんぎ》）を、何色にも分けて摺ったり、エンボス加工や銀摺《ぎんずり》、雲母摺《きらずり》（キラキラとした刷り）にしたり、非常に複雑なぼかしを入れたり……同業者が見れば、「よくぞここまで……！」と感嘆するような作品集なのです。

蔦重は常に、**「届けたいクオリティに達しないなら、やらない」**という信念の持ち主でした。

彼にとって**本を作ることとは、感動を売ることとでした。そして感動とは、狂気的なこだわりからこそ生まれるものです。**中途半端なものが人の心を感動させることはありません。自身の美学に反する生半可《なまはんか》なものは世に出すまい、と思っていたことでしょう。

狂気とは、プライドでもあります。狂ったようにその道を極めようとするその意思は、自らの仕事への誇りから生まれるものです。

一度、仕事に「真剣に」狂ってみてはいかがでしょうか。その狂気はあなたをやがて、見たことのなかった境地へと連れていってくれるでしょう。

Tsutaju's Message 36

「できる人」の意外な共通点とは

ユーモアを忘れたら、粋《いき》な仕事はできなくなる

蔦重が活躍していた当時、多くの作家たちは、狂歌師《きょうかし》としてはこの名前、絵師としてはこの名前……というように、複数のペンネームを使い分けて活動していました。

当時の江戸は、とにかく洒落《しゃれ》と笑いの文化。自分のことを自虐的に表現したり、ちょっと皮肉ったりしたペンネームを考案するのは、作家たちにとって、遊び心をふんだんに生かせる絶好の機会だったことでしょう。

蔦重も、狂歌師として活動する際には「蔦唐丸《つたのからまる》」という名を名乗っていました。

蔦重の本名である「柯理《からまる》」に由来するネーミングだと言われていますが、「蔦が絡まる」とはなんともユーモラスな名前です。

常にあらゆるところに顔を出し、まるで絡まるようにしてそのつる先を伸ばしていった蔦重。神出鬼没《しんしゅつきぼつ》のしぶとい自分をネタにした、彼のお茶目さが伝わってきます。

名前で言うと、平賀源内《ひらがげんない》も、たくさんの名前を使い分けていたことで有名です。

絵描きとしては、やる気があるのかないのかわからぬような「鳩渓《きゅうけい》」を名乗り、殖産事業家としては、苦労の多い人生を嘆いたのか「天竺浪人《てんじくろうにん》」(天竺とはインドの旧名)、生活に困窮して細工物を作り売りした頃には、「貧家銭内《ひんかぜにない》」と、もはや自虐ネタをふんだんに盛り込んだ名前を使っていました。

ギャグやジョーク、皮肉、パロディ……そういったものたちが生み出す「笑い」は、いつの時代も人々の心を強くつかむものです。

江戸を代表する文化の一つでもある「春画」もまた、別名「笑絵《わらいえ》」と呼ばれるほど、ユーモアが織り交ぜられたもの。単なるエロスという要素だけのものではなかったのです。春画に書かれたショートストーリーは洒落や馬鹿馬鹿しいものが多く、奇抜な発想で男女模様や秘部が描かれ、思わず吹き出してしまうようなものもたくさんあります。

そんな愉快さが散りばめられた芸術だからこそ、現代日本にはもちろん、海外にも大勢のファンを持つのでしょう。

江戸っ子たちは、実にくだらないことに本気で取り組んでいました。日常のふとしたところから面白いものを探し出すことに長《た》けていたのです。

一見するとくだらないこと、馬鹿馬鹿しいことに本気で取り組める人や、無駄を楽しめる人は、実は仕事ができる人です。なぜならその人は、ユーモアの威力を理解しているからです。

だからこそ、仕事にはユーモアのエッセンスを取り入れることを忘れないようにしましょう。**頭を抱えたくなるような状況下で、場を和《なご》ませる洒落た一言を発せられるような人は、懐《ふところ》が深く、また、粋《いき》な人**だと思います。

笑いを生み出す漫才師たちは、真剣な眼差しでネタを合わせ、稽古に励みます。本気で面白いこととは、本気の努力から生まれます。

今日から本気でユーモアを追求してみませんか？

人々はいつだって笑顔になりたいのだということを心に刻み付けていれば、きっと粋な仕事ができるはずです。

Tsutaju's Message 37

仕事に疲れてしまったあなたへ

「本を売ってんじゃない、感動を売ってんだ！」

商売とは、数字を追い求めなければならないもの。それはどうしようもないことです。今日の売り上げはこのくらいだった、今月の利益はこのくらいだった……というように、常にみな数字に追われ、結果を求められます。

けれど、**今、目の前にある仕事を単なる数字でしか見られなくなってしまったら、たちまちそこからは光が失われ、味気ないものになっていくでしょう。**

たとえばあなたがとあるメーカーの社員だとします。そうしたら、今月はこの製品がいくつ売れた、何人が購入した……という数字だけでなく、その数字の向こう側にある、一人ひとりの笑顔を思い浮かべてみてください。

この製品を買ってくれた人が、どんなふうにその生活を豊かにしてくれたのだろう。どんなふうに幸せになってくれたのだろう。そんなふうに想いを馳《は》せてみるのです。

どんな仕事も、その本質は、人に感動を与えるためのものです。

扱っているものを単なる「製品」、利用してくれる人や購入してくれる人を、単なる「数」としてしか見られなくなってしまえば、その本質から大きく外れていくことになります。そして何より、自分自身が楽しくなくなってしまうでしょう。

自分の仕事は、人を感動させる仕事。そんなふうに、誇りを持ってください。

蔦重にとっても、もちろん売上は大切でした。けれど、それだけを追求するビジネスなんて、願い下げだったことでしょう。一番大切にしていたのは、「気の短い江戸っ子を、あっと驚かせて感激させること」。お金はそのあとからついてくるものでした。

浮世絵師・東洲斎写楽《とうしゅうさいしゃらく》の売り出しは、そんな「感動」を追求した蔦重の、まさに集大成ともいえるものでした。

写楽が描いた、背景を黒雲母摺《くろきらずり》で塗りつぶした役者絵二十八枚を、壁や飾り棚を使って一挙にディスプレイしたことで、まるで芝居小屋にいるかのような臨場感を演出し、訪れた人々を感嘆させたのです。

しかもこれらは、ファンに向けて美化されるのが当然の役者絵を、女形《おんながた》でさえも容赦なく本人そっくりに描いた、滑稽《こっけい》でグロテスクな作品群でした。

当然、当の役者や贔屓筋《ひいきすじ》からは不評を買いましたが、これらの作品は、寛政の改革でくさくさしていた人々に、大いなる笑いと感動を与えました。「正体不明の謎めいた絵師」という演出も相まって、しばらく江戸の町は、写楽の話題で持ちきりだったそうです。

私自身も以前、蔦重に倣《なら》い、写楽の絵二十八枚を、同じように壁に並べてみたことがあります。壁一面に飾られた黒塗りの役者絵は、何とも言えない重厚感を醸し出し、江戸っ子たちもさぞ惚れ惚れとしたことだろうと、ため息が出るような思いでした。

「ただ物が売れればいい」とか「ただお金を稼げればいい」という考えの持ち主が、こんなべらぼうな仕掛けを思いつくわけがありません。

人は、感動に時間とお金を使いたいのです。どんな職業であっても、感動を売ることはできます。どうすれば自分の仕事で人を感動させることができるのか、真剣に考えてみてください。

Tsutaju's Message 38

仕事の結果を大きく変えたいあなたへ

誰かのたった一言が運命を変えることもある

最近、「情弱」という言葉をよく聞くようになりましたね。

「情報弱者」を意味するその言葉は、満足のいく情報にアクセスできるかどうかが、その人の人生の質を左右するのだと、皮肉っているような印象を受けます。

やはり、**仕事も人生も、情報が要《かなめ》であることは否定のしようがありません。いかに有益な情報を仕入れられるかが、鍵を握っている**といっても過言ではないと思います。

日本のとある企業は、近年、社内における情報収集の方法を見直した結果、業績を伸ばしました。

それまでは各部署の担当者のみから改善点を聞き、拾い上げるというシステムだったものの、そのやり方を一新し、組織全体から課題を募《つの》れる仕組みへと変更。その結果、以前とは比較にならないほど、組織向上のための有力な情報が集まるようになり、それが業績向上へとつながっていきました。

蔦重も、非常にリサーチ力に優れた人物でした。

おそらく当時、彼は**「どこにでも顔を出す人」**として認知されていたでしょう。貸本を手に、しょっちゅう遊郭や茶屋など吉原の隅々まで訪れ、情報を仕入れるとともに、書物問屋のグループに入ることで、本の流通網も押さえていきました。

さらに、吉原が衰退しつつあったときには、ブレーンとして町おこしのメンバーに加わったりと、とにかくいろいろなコミュニティに参加し、密に人と関わりながら、情報を仕入れていったのです。


人情に厚い蔦重のもとには、あらゆる人が日々、「ちょっと聞いてくださいよ！」とさまざまなネタを持って集まってきたことでしょう。そんな会話もまた、蔦重にとっては、心和む憩いであると同時に、人は何に興味を持つのか、何に感動するのか、といった答えを得るための、大切なマーケティングだったのです。

日々、人々と触れ合い、そのニーズを探究していったことが、多くの人が楽しめる作品づくりにつながっていきました。

物を売るということは、感動を売るということです。蔦重はそのことを深く理解していました。だからこそ、**人々に「絶対にこれがほしい！」と思わせる作品づくり**のための、入念な調査を疎《おろそ》かにしなかったのです。

奇抜な感性や独特の発想力を持っていた蔦重に対し、どこか、思いつきでビジネスに臨んでいたような印象を持つ方もいるかもしれません。しかしながらその実像は、**持続的なインプットと緻密な分析を誰より大事にした人**です。

たとえば、「今、こういう製品があったらいいのにな」と、誰かが何気なくこぼした一言が、のちに世の中を揺るがすヒットアイテムの誕生につながった……などといった例は、枚挙《まいきょ》に暇《いとま》がありません。

たった一つの言葉、情報に出会えたことが、大きくあなたの運命を変える可能性があるのです。だからこそ、どんどん情報をつかみに行きましょう。そこに眠る宝物を探し出すために。

Tsutaju's Message 39

「才能がない」と泣きたくなったら

生まれつきの天才なんていない。みんな「天才」と思われたくて、死にものぐるいで努力している

努力をしない人ほど、相手が裏で必死に努力していることに気がつきません。

誰かの成功は、たとえば恵まれた運や環境、持って生まれた才能によるものだと決めてかかります。そして、「あいつは運がよかっただけだ」「あいつと自分とでは持って生まれたものが違うから」、そんな一言で片づけようとします。

けれど、**天才として生まれてきた人も、運だけでのし上がっていける人も、ごくごくわずかです。そして、華やかな功績の裏には、必ず涙や苦悩があります。**もともと**天才だと思われるほうが格好よく、格が上がって見えるから、そう見せているだけ**なのです。

もちろん、先天的に特定の能力が秀でていたり、明らかに幸運の持ち主だと思われたりするような人もいるでしょう。

けれど、**努力せずにうまくいくことほど怖いことはありません。それはその人の成長を妨げるからです。**できてしまうからと、そのまま何の努力もしないで過ごしていると、どこかで必ず、地道に努力し続けている人間に追い越されたり、挫折してしまったりします。「神童」と謳《うた》われた人が、成長するにつれ、凡庸な人となっていくのはこのパターンと言えるでしょう。

たとえ生まれつき絵を描く才能に恵まれたとしても、その才を生かすためには、何千枚、何万枚と絵を描き、鍛錬を重ね、実力を研鑽《けんさん》していかなければなりません。そのようにして必死に努力し続けた先でようやく、チャンスに巡り合えるのです。


のちに「天才」と称されることになる数々の作家や絵師たちが、蔦重のもとで才能の花を咲かせていきました。

その様子を誰よりも間近で見ていた蔦重は、**人は努力なくして天才たり得ない**のだということを、痛いほど理解していたことでしょう。

世界が認める天才浮世絵師、葛飾北斎は、晩年、『富嶽百景《ふがくひゃくけい》』のなかで、「私は六歳のときからものを写して書くのが習慣で、五十歳の頃からたくさんの絵を描いてきた。七十歳までに描いたものは本当にどうしようもないものだったが、七十三歳になって、あらゆる生物や植物の絵を、いくらかまともに描けるようになった。それゆえ、八十歳になればますます腕は上達し、九十歳になれば一層その奥義を極め、百歳になれば、まさに神のような域に達することができるのだろうか（現代語訳）」

という意味の言葉を残しています。

小さな頃から膨大な数の絵を描き続けてきた北斎でしたが、七十歳になった時点でも、まだまだ自身の実力に満足することなく、高みを目指していたのです。

そして一八四九年、北斎は病のため八十八年の生涯を閉じましたが、死の縁にあってもなお、「あと十年……、いや五年の命があれば……」と、真の画家として進化し続けたいと願ったと言われています。

輝かしい成功を収めた人を見たら、「あの人は天才だから」と結論づけてしまうその前に、その裏にある、血のにじむような努力と葛藤、そして、尽きることのない向上心に思いを巡らせてください。

生粋《きっすい》の天才のなど、ごくわずかです。いたとしても努力なしで成功することはあり得ません。天才になりたいという想いを持ち、極めるべき自分の道を、実直に歩き続けた人。そんな人だけが、天才になれるのです。

column 4

遊女がダメなら町娘、名前がダメなら暗号……トンチ合戦さながらの蔦重の戦略

厳しい「寛政の改革」時代に突入すると、粋《いき》で風刺的な作風によって世間の注目を集めていた蔦重も、すぐさま幕府に目をつけられます。そして見せしめのように罰金刑を科せられ、財産の半分を没収されてしまいました。

けれど、抑圧されればされるほどに活力をたぎらせた蔦重は、咎《とが》めを受けて財産を奪われてしまった後もめげることなく、当時流行っていた人相学をモチーフに、喜多川歌麿《きたがわうたまろ》の美人画、『婦人相学十躰《ふにんそうがくじってい》』(『婦女人相《ふじょにんそう》十品《じっぽん》』)シリーズを刊行。女性たちの日常的な動作や自然な感情を豊かに表現したこれらは、人々に大絶賛され、爆発的なヒット作となります。やがて総称して『美人大首絵』と呼ばれるようになり、以降の多くの浮世絵師たち、果てはパリに住む印象派の画家たちにも、多大な影響を与えました。

一般女性の日常を描いた人相学シリーズで成功した蔦重は、次いで、有名な花魁《おいらん》たちを描いたシリーズの刊行に着手します。いくら有名な花魁であっても、実際に顔を見たことのある人はわずかしかいません。上級の花魁であればなおさら、せいぜい「花魁道中《おいらんどうちゅう》(位の高い花魁たちが吉原を練り歩く行事)」を遠くから眺めるぐらいです。そんな憧れの女性の絵姿が、ブロマイドのように手に取って見られるとあって、こちらも瞬く間に大ヒット。すると幕府はこれを苦々しく思い、「公序良俗《こうじょりょうぞく》に背く」として、遊女の絵を売り出すことを禁じます。

すると蔦重は、「遊女がダメなら…」と、評判の町娘たちに目をつけ、「難波屋おきた」「高島屋おひさ」のような茶屋娘を売り出したのです。

さらに、絵に彼女たちの名を入れることを禁じられれば、一見しただけではわからないよう、暗号のような文字を入れて対抗。まるでゲームのように、幕府との丁々発止《ちょうちょうはっし》を楽しんでいたように受け取れます。この粋な心意気が、当時、厳しい政治に閉塞感《へいそくかん》を抱いていた江戸っ子たちを鼓舞し、沸き立たせました。

第5章

運を味方につける

運に味方される人、というのがいます。
いつもまるでお膳立てされているかのように、スルスルと願いが叶っていく。トラブルが起きたときも、すかさずどこかから救いの手が差し伸べられる。そんなふうに、まるで、目には見えない何かに守られているとしか思えないような強運さを見せるのです。

努力は人を裏切りません。けれど、努力だけで成功をつかみとるのは、実は難しいもの。タイミングが合わなかったり、思わぬ邪魔が入ったりすれば、大切に進めてきた企画が頓挫《とんざ》してしまうことだってあるでしょう。また、機を逃せば、せっかくの輝かしい才だって、世に出ることなく埋もれてしまいます。

「目に見えない存在」を疎《おろそ》かにする人は、運をつかみとることはできません。人との縁も、良きタイミングも、すべては運のはからいによるものです。

では、どうすれば強運な人になれるのでしょうか？　その答えもまた、蔦重が教えてくれます。

詳しくは本編に譲りますが、強運な人の特徴として、「信じる力が強い」ということと、「感謝の気持ちを忘れない」ということが挙げられるでしょう。このように表現するとちょっとシンプルすぎるかもしれませんね。けれど、この二つの軸を維持するのは、決して簡単なことではありません。

日頃、どんなに「自分は成功する」と固く信じていたとしても、度重なる災難や苦難に見舞われてしまったら、多くの場合、悲観的な想いでいっぱいになり、その信念は揺らぐものです。そんな状況のなかでもぶれずに明るい未来を描き続けられる人は、運を強力に引き寄せることができるはずです。

そしてまた、感謝の気持ちを大切にするということは、「お蔭様の精神を忘れない」ということです。そのような人は、仕事は一人では成し得ないということ、そして人は生きているのではなく、生かされているのだということを理解しています。

その謙虚さは、人にも運にも愛されるものなのです。

Tsutaju's Message 40

幸運を引き寄せる人の考え方

「勘違いすんな。自分だけでできることなんて、この世に一つもない」

一つの仕事、一つのプロジェクトは、常に数えきれないほどの人の労力によって支えられています。どんなに才能溢れるクリエイターであっても、敏腕ビジネスパーソンであっても、その人一人で成し得る仕事など、どこにもありません。
たとえば個人で行うオンラインビジネスでも、システムや機器を開発した人が携わっていますし、クラフト系の仕事でも、道具を作る人が関わっています。

そのことを忘れ、まるで自分だけの力で仕事を達成したような錯覚に陥ってしまえば、たちまち運も、人も逃げていくでしょう。

蔦重が類まれなる思考力と才覚を持った出版人であったことは間違いありません。けれど、どのような状況においても臆することなく前に突き進んでいけたのは、そこに賛同し、力を添えてくれる仲間たち、そして、自分の仕事によって喜んでくれる吉原の人たちがいたからこそ。そのありがたみを深く感じていた蔦重は、**関わる人たちをとても大切にし、愛と情を持って接していました。**

出自に恵まれなかった蔦重にとって、仕事仲間たちは、家族同然のような存在だったのかもしれません。

人の心というのは、時にとても弱いものです。

成果を出し、称賛を浴びるほどに、それまでに受けた恩を忘れ、すべてを自分一人で成し遂げたかのようなおごりを抱いてしまう人の、なんと多いことでしょうか。

「てめえの才覚だけで偉くなったと勘違いすんじゃねえ！」

蔦重は、名が広まっていくにつれ、思い上がった態度をとるようになった作家がいれば、こんなふうにきつく叱っていたことでしょう。

誰もが皆、誰かに支えながら生きています。**仕事も人生も、常に「個人戦」ではなく「団体戦」**なのです。

仕事に対してストイックで、すさまじく志の高かった蔦重のもとからは、「ついていけない」と去っていく仲間たちも大勢いました。

信じていた仲間が自分のもとを離れていくことに、彼が心の痛みを感じなかったはずはありません。

けれど、去っていく仲間を恨むということは、決してなかったのではないかと思います。それは、たとえわずかな時間だったとしても、自分とともに仕事をしてくれたことへの感謝の想いがあったから。**すべては大切なご縁であり、無駄な出会いなど一つもありません。**そのようにしてご縁を慈《いつく》しむ気持ちがあればこそ、恨み事を言う気になど、到底なれなかったことでしょう。

むしろ、自分を恨むことが彼らの今後のモチベーションになるのなら、いくらでも恨んでほしいという思考の持ち主だったのだと思います。

この世界はとても不思議なもので、同じ波長のもの同士が引き合うという、絶対的な運の法則が働いています。

つまり、日常的に感謝をしている人のもとには、また感謝したくなるようなことが起きるということ。その逆もまた然りです。

「どうもありがとう」という気持ちを忘れずに持ち続けられる人は、周囲の人たちからも、運からも、愛されていく人です。

Tsutaju's Message 41

将来に不安を感じるあなたへ

「先の見えなさ」を楽しめる人は、運に愛される

映画を家で観ようと思いたち、最初にネットのネタバレ投稿で結末を見てから再生した……そんな行動をとる方も、いらっしゃるかもしれません。

「結末がわかっていれば、なんとなく安心できる」という心情は、私も身に覚えがあります。

人はどうして結果を知りたくなるのでしょう。未来のことが気になるのでしょう。

それは、不安があるからです。

占いが好きな人が、「未来への不安が大きいときほど、占いに行きたくなる」と言っていました。今後が心配でたまらないから、よい結果を聞いて安心したいのだと。

先のことがわからず、心もとない想いを抱くのはごく自然なことだと思います。また、新しいことに踏み出すときに不安感を覚えるのも、自然な防御反応ですから、悪いことではありません。

けれど、**その「先の見えなさ」を逆手にとって、大胆に楽しむのも粋なものでしょう。そしてそんな人は、明るい未来をパワフルに手繰《たぐ》り寄せることができるはずです。**

蔦重は、結末を先に知りたくなかった人です。なぜならば、彼は目標に辿り着くまでのストーリーを楽しんでいたから。自分がこれから計画を立てて歩んでいく道において、何が起きるのかを楽しめた蔦重にとって、結果を先に知るなんて御法度《ごはっと》。モチベーションをくじかれ、途端につまらなくなってしまいます。

不安になるのは知識があるから。失敗例や、ことさらに不安をあおるような情報など、好ましくない情報が入ってくるからです。さらに「やめておいたほうがいい」「そんなことをしたら大変なことになってしまう」というストッパーの方も、周りには大勢いるからです。

そのなかには、純粋にあなたを心配しているわけではなく、「失敗した場合の責任をとりたくない」という想いから、必死に制止してくる人もたくさんいます。

不安がある場合は、不安の原因を具体的に書き出して、明確にしましょう。そしてその**不安要素を一つひとつ、「これはこうすれば大丈夫」と打ち消してゆく**のです。

蔦重は生涯のなかで、数多《あまた》の絵師や作家たちを発掘し、現代において世界的に名を馳《は》せるほどのビッグネームに育て上げました。

発掘当初の彼らのほとんどが、無名の新人、もしくはくすぶっていた中堅どころたち。将来、大物になる保証なんてどこにもありません。そんな人たちに時間やお金を投資することのリスクに怖気《おじけ》づいたとしても、何ら不思議ではないでしょう。

けれど蔦重は、そんな状況すらも楽しみました。自分の目利きと、彼らが将来、ビッグな人物になることを信じていたからです。

先の見えない状況のなか、蔦重は、仲間たちと共に歩む一歩一歩に大きな価値を見出していました。そして、その**過程において偶発的に生まれる化学反応を楽しんでいたのです**。そんな蔦重だからこそ、作家たちも彼を慕い、その情熱に応えたいという想いで命を燃やすことができたのでしょう。

結果だけを追い求めるなんて、なんとも味気ないこと。夢に向かうその**道程を楽しめる人は、そのなかで起こる出会い、そしてハプニングすらも大切に噛みしめることができる人**。そして、困難に遭遇したとしても、それらを乗り越えた先の自己成長にフォーカスできる人です。

「プロセスを楽しんでみる」というふうに意識を転換してみると、そこで生まれる物語たちはすべて、血を沸き立たせてくれるものになるはずです。

Tsutaju's Message 42

「最近、ツイてない」と思ったら

「恩送り」をする

「恩送り」とは「恩返し」のこと。それがいつからか、受けた恩を下へ送る、という意味に変わってきました。でもこれ、素敵な変化だと思いませんか？

たとえば尊敬する目上の人から、手厚く指導していただいたり、あるいは、ご馳走していただいたりしたとします。

そうしたら、その人自身に対して感謝し、恩返しをするというのももちろん大切なことなのですが、さらにあなたの下にいる人に対して、今度はあなたが同じように、優しさや労を提供するようにしてみてください。つまり、**ある人から受けた恩や優しさを、今度は別の人に返すという、「恩送り」**をするのです。


これまでにもお話ししてきたように、蔦重は、まだ駆け出しの作家たちを自分の店に住まわせ、生活の世話をしながら才能開花のために力を尽くしていました。

そこには多大なる労力とお金を要したことでしょう。

もちろんそれが、彼らを将来的に大物に育て、自分にとってのビジネスチャンスを生み出すという戦略であったことは大前提であるものの、それを差し引いたとしても、蔦重の厚い人情のなせる業《わざ》であったことは確かです。

蔦重のもとを訪れる作家たちはみな、絵を描きたい、戯作を書きたいなどといった、強い志を持つものばかり。そのひたむきな熱意に応えたかったのです。

その裏にあるのは、**これまで自分を育ててくれた人や環境からの恩を巡らせたい**という想いでした。

自分の礎《いしずえ》を築いてくれた場所、吉原。そして自分を信じ、力を尽くしてくれた仲間たち。自分はそういった存在によって生かされているのだということが骨身《ほねみ》に沁《し》みていたからこそ、**かけてもらった恩は、世の中や、自分のもとにいる作家たちに還元しなければ**という使命感を抱えていたのです。

これに限らず、蔦重のなかで、何事も「プールさせる」という発想はおそらく乏しかったことでしょう。次々と企画を練り、作品を発売して得たお金は、次なるビジネスの資金として活用していました。

豪華な装飾や新たな画法、贅沢な摺《す》りなどを用いた作品は、巨大予算を組んでの大《おお》博打《ばくち》でした。ですから、江戸っ子の「宵越《よいご》しの金は持たない」の精神そのままに、稼いだ分はそのまま、次の仕事に使っていたかもしれません。

これはやや極端な例だとは思いますが、**人から受けた恩もお金も、世の中に「巡らせる」という意識を持つことが大切**なのだと思います。

蔦重は常に、あらゆるものを「循環させる」という意識を持っていたからこそ、新しい挑戦に軽やかに踏み出すことができ、そして、多くの仲間にも恵まれたのでしょう。

「ペイフォワード」という言葉があります。これは、誰かから受けた善意は、ほかの誰かに送ることで、善意を世の中全体に広げていくという意味の言葉。そうすることで、愛や思いやりが波及し、世界は優しさと平和に満ちたものになっていきます。

血液に淀《よど》みが生じれば、それは病を引き起こします。それと同じで、**恩やお金も、生き生きと循環させてこそ、自分も世の中も健やかに、幸せになっていく**のです。

我欲のみを原動力に行う仕事には、いつか必ず限界がきます。「自分の仕事によってみんなを幸せにする」。そんな意識で、目の前のことに向き合ってみませんか？

Tsutaju's Message 43

神様の力を借りる方法

挨拶は、人にだけするものじゃない

浮世絵にもたびたび登場していることからもわかるように、江戸時代には神や霊魂《れいこん》、妖怪などといった存在は、当たり前のように信じられていました。

蔦重が育った新吉原には、五つの稲荷《いなり》神社が鎮座していました。稲荷は、人間界と万物をつなぎ、五穀豊穣《ごこくほうじょう》を司る神。つまり豊作や商売繁盛の神様です。江戸時代、庶民の間で厚く信仰されていました。

もちろん現代でも、神社参拝をしたり、神棚を飾ったりする方はたくさんいます。けれど蔦重が生きたこの時代、神様をはじめとする目に見えない存在の息吹は、現代よりずっと密に、人々の暮らしのなかにありました。

古来より日本では、「八百万《やおよろず》の神」の精神が尊《たっと》ばれてきました。これは、**身の回りのすべてのものに神は宿る**とする考え方のことです。

太陽や月、水や空気といった自然、そして食べ物や家具、道具、果ては米一粒に至るまで、すべてのものの中に神様は存在している、ということです。蔦重も、そのような精神をとても大切にしていたことでしょう。

今、お勤めをされている方は、出勤をしたら、そこで働く人たちに「おはようございます」とか「お疲れ様です」といった挨拶をされることと思います。

そのときに、**空間や道具にも共に挨拶をする**、という気持ちを持ってみてはいかがでしょうか。

そこは働くあなたを支えてくれる大切な場所。デスクや椅子、ＰＣ、備品や文具の一つひとつにまで愛を持って接してみると、身のこなしや立ち居振る舞いはもちろんのこと、そこから生み出される仕事の内容に至るまで、きっと大きく質が変わってくるでしょう。

せわしない毎日を送るなかではなかなか難しいかもしれませんが、**ほんの少しでもかまいませんので、愛と感謝の込もった眼差《まなざ》しで、身の回りを見渡してみてください。**

一人暮らしで無人の部屋に帰ったときも、部屋全体に感謝を込めて「ただいま」と一言。たちまち部屋中がウエルカム状態となり、あなたを出迎えてくれる、安らぎの空間に変わります。

以前、ノートパソコンが壊れて、事務所の近くにあった修理業者に持っていったときのこと。そこのオーナーが「信じられないかもしれませんが……」と教えてくれた話があります。十数台に一台ぐらいの割合で、本体の表面を、薄めたエタノールで丁寧に拭くだけで直ることがある、というのです。接続箇所やスピーカーの穴などを拭いたわけではなくて、汚れを取っただけなのに、です。

「きっとパソコンが機嫌を直したのでしょうね」と真顔でおっしゃっていました。

仕事のできる人ほど、仕事で使う道具や空間にこだわり、大切にしているという印象を受けます。それは、それが単なるツールではなく、自分の大事なパートナーであることを理解しているからでしょう。だから愛着を持って丁寧に扱います。そして、そんな人がまとう空気は、とても神聖で厳《おごそ》かな感じがするものです。

結局は私たちも自然の一部に過ぎず、自分を取り巻くすべてのものに、この生活、そして命を支えてもらっています。そのすべてに感謝ができる人は、他人も自分も大切にできる人です。

Tsutaju's Message 44

強運な人が忘れないこと

今の自分をつくってくれたご先祖様に感謝の想いを

「お墓参りをしたら、運が上向いた」という話をよく聞きます。

お墓参りは、亡くなった大切な方やご先祖さまとつながり、愛や感謝の想いを伝えるための、大切な行為。心を込めてお参りをすることで、今は空の上にいる方々が、力を貸してくださるのかもしれません。

蔦重もそうであったように、**優れた経営者というのは、祖先への感謝の想いを大切にしています。**

お墓参りをすると、「自分は守られているんだな」という安心感が湧いてくるもの。そのためなのか、多忙ななかでもこのような機会をまめに持っている方は、心の拠り所を持ち、精神的にも安定しているような印象を受けます。

親、兄弟、親戚、ご先祖様……自分と同じ「血」を持つ人は、やはり特別な存在です。そんな、自分のルーツとなってくれている縁を大切にすることは、自分自身を大切にすることにもつながります。

もちろん、血のつながりがすべてではありません。血縁関係などなくても、それ以上に深い絆で結ばれるということは、いくらでもあります。反対に、いくら血縁関係にあるとはいえ、どうしても相容《あいい》れないということだってあるでしょう。

ですから、もちろん自分が苦しくならない範囲で問題ありません。**今の自分を形成してくれた縁に心を向け、感謝する気持ちを持つことができたなら、自分のなかに確かな勇気が育まれ、魂が磨かれていくことでしょう。**

繰り返しお話ししてきたように、蔦重が七歳になる前に両親は離婚し、蔦重は親戚の家に引き取られます。

母の津与《つよ》はもともと江戸の人でしたので、離婚後、吉原を出てからも、江戸で下働きなどして暮らしていたようです。おそらく蔦重と顔を合わせることもあったと考えられます。いずれにしても、その活躍は耳に届いていたことでしょう。

蔦重は二十三歳で日本橋に耕書堂を開いた際、離れ離れになっていた両親を呼び寄せ、家族揃っての同居生活を再開させます。ビジネスを拡大させたいという想いの深いところでは、「また家族で一緒に暮らしたい」という強い願いを抱いていたのです。

津与は、最後は蔦重の世話を受けながらこの世を去ります。蔦重は浅草にある自身の菩提寺《ぼだいじ》に母を葬り、彼女のために石碑を建てました。このことからも、母への愛がいかに深かったかが伝わってくることでしょう。そして母が逝去した五年後に、蔦重も後を追うように亡くなりました。

大田南畝《おおたなんぽ》は碑文に、「重三郎の困難をやり遂げる志の強さは広瀬氏（津与のこと）の教えによるものではないか」と記しています。意志が強く、一度始めたことは貫く根気強さは、母譲りのものだったのでしょう。

「血は争えない」という言葉があります。**私たちのなかには、親、そしてその遥か以前から脈々と受け継がれてきたものが、確かに宿っています。そこに誇りと感謝を持つことができたとき、人生のステージは一段上がっていくような気がします。**

今生きているということは、生きなさいという祖先からのメッセージです。

私たちは今日もこうして、力強く守られているのです。

Tsutaju's Message 45

惰性から何かをやめられないでいるあなたへ

損切りする勇気を持てたなら、もっと眩《まぶ》しい未来を手に入れられる

初めて会った相手にどことなく違和感を覚えたら、あとから重度のトラブルメーカーだったことが判明した。

その日はなんとなく家にいたほうがよい気がしたが、無理やり出かけたところ、災難に巻き込まれた。

誰しもこんな、説明はつかないものの、なんとなく嫌な「予感」や「直感」を抱いた経験があることと思います。

圧倒的な結果を出している人ほど、こういった直感を軽視しません。「自然と湧いてくる感覚」を大切にしているのです。そして、「気のせいだった」と安心できるまで用心します。

蔦重は、何かをおかしいと感じたときや、悪い予感がしたときのことを、「ありゃあお天道さんが〝気ィつけろ〟って教えてくだすってるんだよ。その声を素直に聞いて、ちゃあんと手を打ちゃあ問題ないが、悪い予感を気のせいだとか、まあ大丈夫だろう、なんてほっとくと、あとで大変な目に遭うことになる。（中略）お天道さんからすりゃあ〝だから教えてやったのに〟ってとこだ。……ンなことを何べんも繰り返してみろ。言うことを聞かない奴は可愛くねえってんで、だんだん声もかけてもらえなくなるぜ」（『蔦重の教え』より）といったようにとらえていたのでしょう。

ふと湧いてくる直感は、天からのお告げであり、サイン。だからこそ、そういった感覚を軽視するということは、天からの声を軽んじることになってしまうのです。

このような精神で生きていたからこそ、蔦重の瞬発力は目を見張るようなもので、仕事や人生のサイクルはとても速かったことでしょう。

自身の心が動かない仕事には手を出さなかったのはもちろん、写楽作品が短命だったことからもわかるように、先延ばししても上手くいきそうにないと感じた仕事に見切りをつけるのも早かったと思います。

この**「損切り」ができる力は、時に、何かを続ける力以上に重要なもの**です。

心理学の用語に「サンクコスト効果」というものがあります。これは、それまでに費やした時間やお金、労力といったものを惜しむ気持ちが働くことで、撤退すべき場面であっても、合理的な判断ができなくなることを表す言葉です。

仕事に関わらず、一度始めたことをやめるということには、勇気がいるものです。それまで費やしてきたものが水の泡になってしまうということですから。

けれど、**その現実から目を背《そむ》け続けている限り、もっと大切にすべきものを疎《おろそ》かにすることになってしまいます。**やめるべきであることはわかっているものの、惰性から断ち切れずにいる何かによって、本当に優先すべきものが侵食されてしまうのです。特に、いわゆる「ダメンズ」を好きになってしまう女性は要注意です。


結果を残す人というのは、リスクに対して敏感で、優先すべき物事が明確にわかっています。

何かを失う恐怖から、嫌な予感を無視して暴走するか、それとも、一瞬の身を切られるような想いを堪《こら》える代わりに、長期的に見て、もっと大切なものを手にするか。

そんな、「今」に迫る選択において、瞬時に正しい決断が下せたのなら、望む未来を力強く引き寄せることができるでしょう。

Tsutaju's Message 46

進化し続けるための極意

何かを捨てることは、新しい自分に生まれ変わること

前の項目にも通じることですが、あれもこれもとたくさんの荷物を抱えているとき、どんなに心惹かれるものであったとしても、新しい荷物を持つ余裕はありません。あるいは、クローゼットの中にものがぎゅうぎゅうに押し込まれていたら、どんなに素敵なものでも、新しい洋服は掛けられません。

有形無形関わらず、本当に大切なものは、実はそんなに多くはありません。けれども多くの人は、そんなに必要ではないはずの、たくさんのものに惑わされるのです。

運がよい人というのは、手放すことに躊躇《ちゅうちょ》がありません。「もう自分には必要ない」と判断すれば、ためらいなく捨て去ることができます。手放したらもっとよいものが入ってくることを知っているからです。

「予祝《よしゅく》」という言葉をご存じの方もいるかと思います。これは読んで字のごとく、実際にお祝い事が起こる前に、先に祝ってしまうことで、喜ばしい現実を引き寄せようとするもの。もとは秋の豊作を願って、年始などにお祝いをしたことが始まりだと言われています。その歴史は古く、弥生時代にも行われていたそうです。

運はいつだって、準備ができたところにやってくるもの。よいことがあったから幸せを感じるのではなく、幸せを感じるからよいことが起きるのです。

それと同じで、**新しいものが入ってきてから捨てるのではなく、捨てるからこそ、新しいものが入ってきます。**

物も、仕事も、情報も、人も。手放すことで空いた隙間に、新たなご縁が入ってきて、新鮮な風を吹かせます。

強運な人はみな、総じてとても軽やかなマインドを持ち、執着するということがありません。

蔦重にもおよそ物欲というものはなく、物にもびっくりするくらい執着がなかっただろうというのが、私の見解です。

商売柄、自分のもとに、素敵なもの、高価なものが贈られてくることも多かったことでしょう。けれど、**「物欲に気を取られていれば、商売の判断や勘も鈍る」**とばかりに、気前よく周りの人に譲っていたのではないかと思います。

また、やや打算的と言えるかもしれませんが、そうすることで相手に恩を売ることもでき、また、くれた人の評価を上げることもできて、双方の縁も深まっていくと考えたのでしょう。


破壊と再生なくして進化はあり得ません。

手放すことは失うことではなく、新しい世界と出会うということ。**何かを捨てるということは、軽く生まれ変わることと言っても過言ではない**のです。


運が停滞していると感じたときこそ、大胆な行動を起こして、流れを変えてみてください。**過去を潔く捨てるということは、未来の自分に期待するということ**です。

今よりもっと煌《きら》めく未来が訪れることを信じられる人は、必ずその通りの現実を、その手につかむことができるはずです。

Tsutaju's Message 47

今、逆境にいるあなたへ

悲しいことも、
苦しいことも、
あなたの「天分」には
手を出せない

時に人生においては、「どうして自分にこんなことが起きるのだろう」と、運命を呪いたくなるようなことが起きます。

蔦重の四十七年の生涯のなかで、最も悲劇的だった出来事は、弾圧政治のただなかで、おそらく自死によって仲間を失ったことだと思われます。

松平定信による厳格な「寛政の改革」が断行されると、品行方正《ひんこうほうせい》さを徹底して求められる世の中となり、その息苦しさに人々は喘《あえ》ぐようになります。その波はもちろん出版界にも及び、表現の自由が無慈悲に奪われていきました。

そういったなかで蔦重の反骨心に火が灯《とも》り、人々を苦しめる幕府を煽《あお》り、皮肉るような作品を次々とプロデュースしていったのです。

山東京伝《さんとうきょうでん》は蔦重のことをのちに、「版元の蔦屋重三郎は度量の大きい男で、処罰をものともしない様子である（現代語訳）」と記していますが、実際に蔦重は、自分が処罰を受けることなど、怖くもなんともなかったのでしょう。

彼がもっとも恐れていたのは、自分が世の中に生み出したいと思えるような、魅力的な作品をつくれなくなることでした。

だからこそ、幕府に抑圧されればされるほど闘志を燃やし、知恵を巡らせたのです。

戯作者の恋川春町《こいかわはるまち》は、そのような風刺的な作品の作り手として、蔦重が白羽の矢を立てた人物です。もとより大人のブラックジョークを得意としていた春町は、蔦重の熱意に突き動かされ、松平定信を痛烈に冷やかす内容の作品を発表しました（『鸚鵡《おうむ》返文武二道《がえしぶんぶのふたみち》』）。

規制の厳しい世において、「反政府」をテーマにした作品を描くのはとてもリスキーなことでした。言うまでもなく、『鸚鵡返文武二道』は幕府の逆鱗《げきりん》に触れ、春町に出頭命令が出ます。春町は病気を理由に出頭しませんでしたが、ほどなくして謎の死を遂げました。一説では、自死ではないかと言われています。

これにはさすがの蔦重も悲痛な想いにさらされたことでしょう。自身の押しの強さを悔やみ、春町の死後しばらくの間は、前を向くことができなかったであろうことは、容易に想像がつきます。

しかし、それでもなお、蔦重が自身の信念を曲げることはありませんでした。盟友の死すらも力に変え、再び立ち上がったのです。これで終わらせてしまっては、春町も浮ばれない。そんな思いで、自らを奮い立たせていきました。

これほどまでに絶望的な出来事に見舞われても、心を立て直すことができたのは、そこに叶えるべき夢があり、生かすべき「天分」があったからでしょう。盟友の死は、蔦重の底知れぬ精神力の幹を、よりいっそう太くさせた出来事だったのです。

運命は時に、**「それでもあなたは、夢に向かって進んでいけますか？」**と、まるで私たちを試すかのように、厳しい試練を突きつけてきます。そこで歩みを止めてしまってはきっと、意地悪な現実の思うつぼなのでしょう。

どんな悲しみも絶望も、前に進むための燃料へと変えることができたとき、現実は白旗をあげるはずです。

Tsutaju's Message 48

覚悟ができたあなたへ

人生は想いありき。
自分で考えた通りに
未来は展開されていく

人生において、すべてのベースとなるのは、自分の想いです。「俺はこういう人間である」と思えば、本当にそんな人間になっていき、「私にはこれができる」と思えば、本当にできるようになっていくのです。

人は、自分が思った通りの人生を歩んでいく。それはもう、揺らぎようのない、絶対的な法則なのです。

ですから、**今どんな状況下にあったとしても、未来は絶対に明るいものになっていくのだと、本気で想いを定めてください。夢を叶えるのだと覚悟を決めてください。**

想いを定めた瞬間から、そのための道筋がつくられていきます。何度でも限界を突破し、痛みも悲しみも、果敢に超えていくことができるでしょう。

盟友・恋川春町の死というショッキングな出来事すらも、蔦重の歩みを止めさせることはできませんでした。そこには、「江戸の出版界を牽引し、世の中に笑顔を届ける」という**夢を叶える覚悟**があったからです。

改革の渦の中、春町の死に加え、蔦重自身も、財産を半分取り上げられるという罰金刑の処罰を受け、ユーモア溢れる風刺作品の刊行を、断念せざるを得なくなってしまいます。

けれど、**逆風が吹き荒れ、大切なものを奪われても、「では次に何ができるか」と、視点を変換させることで、挑戦を続けていきました。**

先にも登場しましたが、一世を風靡《ふうび》した歌麿の浮世絵、『美人大首絵《びじんおおくびえ》』は、まさにこのような背水の陣の状態のなか、起死回生を賭けて生み出された作品でした。もはや風刺作品の出版は許されないなかで、「それならば」と代わりに目をつけたのが浮世絵だったのです。

「大首絵」とは、顔と上半身にフォーカスした、いわば、アイドルのバストアップ画像のようなもの。それまでは役者絵に使われていた画法を、全身像が主流だった美人画と組み合わせたことで生まれた、画期的なものでした。

女性のさまざまな表情を豊かに描き出したこの作品たちは、市場を席巻《せっけん》。たちまち歌麿を浮世絵界のトップへと押し上げました。

またその傍らで蔦重は、「寛政の改革」の、学問を奨励する特性を鋭敏《えいびん》にとらえて、専門書や学術書の出版にも力を入れるなど、時代に合わせた柔軟さを見せ、たくましく事業を展開していきました。

斬新でユーモラスな発想が持ち味だった蔦重が、その自由さを忌《い》み嫌う「寛政の改革」を恨みたくなったことは、一度や二度ではなかったでしょう。

けれど、「自分ならできる」という想いが、彼を何度でも立ち上がらせました。

強運な人は、「時代に合わなかった」「自分は運がなかった」という言葉を決して発しません。どんなに望みが薄いと思われる状況にあっても、目を凝らしてみれば、必ずそこには宝の粒があり、逆境すらも力に変えていけることを知っているからです。

そしてまた、**不可能を可能に変えていくことの喜び**を知っているからです。

不遇な環境に翻弄《ほんろう》されたときこそ、知恵と覚悟の見せどころ。恨みを募らせたまま終わるなんてとてももったいないことだと、蔦重は私たちに語っています。

何度転んでも、何度でも立ち上がってください。あなたになら、必ずできます。

Tsutaju's Message 49

人生に誇りを持ちたいあなたへ

決して歩みを止めない。
自分が選んだ道に
間違いはなかったと、
自信を持てるそのときまで

どうしてこんなにも人生は、選択の連続なのだろうと思うことはないでしょうか。夢、仕事、生活、人間関係、恋愛……あらゆる場面で、人は選択を迫られます。そしてそのたびに、決して間違ったジャッジを下したくないと、頭を悩ませます。

もし、選んだ道が予想以上に険しかったり、その先に希望が見えなかったりしたとしたら。過去に自分が下した決断は、間違いだったということになるのでしょうか？

たとえば、安定した生活を捨てて夢に飛び込んだけれど、その夢がどうにも叶いそうにないとき。

あるいは、「この人との未来は見えない」と、泣く泣く恋を手放したけれど、その後、あの人以上に大切だと思える人とは出会えないとき。

そんな状況に身を置かれたとしたら、その道を選んだのは、誤りだったということになるのでしょうか？

決してそんなことはありません。**あなたさえ白旗をあげなければ、「選んだ道が間違いだった」ということにはなり得ないのです。**

「自分は間違っていた」という結論を下せるのは、世界でたった一人、自分だけ。自分さえ歩むことをやめなければ、道が潰《つい》えることはありません。

そして、そんな揺るがない決意を抱いた人ならば、運だってたやすく味方にすることができるでしょう。

偉人や成功者たちは口をそろえて、**「どれだけ失敗を繰り返したとしても、成功するまであきらめなければ、それは単なるステップだ」**と言います。挑戦を放棄したときに初めて、失敗は失敗たり得ます。成功者というのは、そのことを深く理解していた人たちなのです。

蔦重の出版人生の終盤は、幕府から弾圧されて財産を奪われ、出版物の発行を停止され、仲間を失い……と、心をえぐられるような出来事も起こった、波乱の数年間でした。けれど、病に倒れ、この世を去るその瞬間まで、蔦重は、怒りも悔しさも悲しみも、すべてを前進するための原動力に変えて生き抜いたのです。その功績は現代にも息づき、私たちは蔦重が築いた文化の上で、今日もこうして本を楽しんでいます。

二〇二四年のパリオリンピックで、レスリング女子七十六キロ級日本女子初の金メダリストに輝いた鏡優翔《ゆうか》選手が、試合後に素晴らしいコメントを残されていました。
「今までやってきた選択の答え合わせが、今ここでできたかな」と。

私たちは誰もがみな、過去の選択が間違っていなかったのだという答え合わせをするために生きている、と言っても過言ではありません。

選ばなかったいくつもの道が、世界線が、頭をよぎることだってあるでしょう。
「あのとき、あっちの道を選べばよかったのかな」と、後悔の念に苛《さいな》まれることだってあるでしょう。

だからこそ、力強く、一歩一歩を踏みしめて、前に歩いていくのです。きちんと準備をして、知識を磨いて、しっかりと。湧いてくる迷いや不安すらもエネルギーに変えて、この道を選んだことが正解だったと笑える日のために。

それが、今の道を選んだ自分への誇りであり、覚悟です。

今の自分を誇れるか。
今の自分に握手できるか。

あとがき

蔦重のメッセージが、悩める人の道を照らすことを願って

こんなに凄い人物がいることを、多くの人に知ってもらいたい――。

ずっとそんな願いを抱き続けてきました。

蔦重に惚れ込んで約二十年後に、「時空を超えた実用エンタテインメント小説（『蔦重の教え』帯文より）」を上梓したことで、その念願がやや叶い、2025年のNHK大河ドラマが『べらぼう～蔦重栄華乃夢噺』に決まったことで、もはや蔦屋重三郎を知らない日本人はほとんどいなくなることでしょう。

今や蔦重関連の書籍やムック本は五十冊を超え、新聞や雑誌でも、こぞって特集記

事が組まれています。

私自身もおかげさまで二〇二四年は、文庫本、アート本、ムック本を各出版社から出させていただき、本書で蔦重の人生からの学びを、メッセージとしてまとめたビジネス書を刊行できることになりました。

私の人生の恩人は、作家の先輩の柘いつかさんを筆頭に何人かいらっしゃいますが、間違いなくその中のお一人は、飛鳥新社の元編集長・畑北斗さんです。

まるで蔦重が歌麿を売り出した時のように、当時料理本しか出ていなかった私の、誰も知らない歴史上の人物の小説企画を信念で通し、大々的にＰＲしてくださったおかげで今があります。

その同じ版元から、本書を出せることは望外の喜びです。

刊行に当たり、編集に協力してくださったカウンセラーの鈴木まりさん、細部までこだわり抜いて、本書をブラッシュアップしてくださった、飛鳥新社の藤井茜さんと上司の方々に、厚く御礼申し上げます。

本書が、生き悩んでいる貴方の、一筋の光になれることを切に願います。

二〇二四年、師走に寄せて

車浮代

参考文献・参考資料

『蔦重の教え』車浮代著／飛鳥新社・双葉文庫
『蔦屋重三郎と江戸文化を創った13人』車浮代著／PHP文庫
『大河ドラマの世界を楽しむ！ 江戸レシピ&短編小説 居酒屋 蔦重』車浮代著／オレンジページ
『歴史人別冊 二〇二三年十二月号増刊 歌麿、北斎、写楽の仕掛け人！ 蔦屋重三郎とは何者なのか？』ABCアーク
『新版 蔦屋重三郎』鈴木俊幸著／平凡社ライブラリー
『蔦屋重三郎』鈴木俊幸著／平凡社新書
『江戸の本づくし』鈴木俊幸著／平凡社
『江戸の本屋（下）』鈴木俊幸著／中公新書
『江戸の本屋さん― 近世文化史の側面』今田洋三著／平凡社ライブラリー
『蔦屋重三郎― 江戸芸術の演出者』松木寛著／講談社学術文庫
『浮世絵の歴史― 美人絵・役者絵の世界』山口桂三郎著／講談社学術文庫
『別冊 太陽 蔦屋重三郎の仕事』平凡社
『図録 歌麿・写楽の仕掛け人 その名は蔦屋重三郎』サントリー美術館
『大吉原展公式図録』東京藝術大学 美術館
『超訳ダ・ヴィンチ・ノート』桜川Daヴィんち著／飛鳥新社
webサイト『日経BOOKPLUS』
webサイト『西尾市岩瀬文庫』

ｗｅｂサイト『東京都国立図書館』
ｗｅｂサイト『島根県立美術館』
ｗｅｂサイト『東京都立図書館』
論文『見徳一炊夢について』江崎怜子／熊本女子大学国文談話会

著者
車浮代（くるまうきよ）
時代小説家、江戸料理文化研究所代表。浮世絵をはじめとする江戸文化、江戸料理に造詣が深く、さまざまな媒体を通じて江戸文化の魅力を現代に伝える。1964年大阪生まれ。大阪芸術大学卒業後、東洋紙業でアートディレクター、セイコーエプソンでデザイナーを務める。その後、第18回シナリオ作家協会「大伴昌司賞」大賞受賞をきっかけに会社員から転身、映画監督・新藤兼人氏に師事し、シナリオを学ぶ。現在は作家の柘いつか氏に師事。ベストセラーとなった小説『蔦重の教え』（当社／双葉文庫）のほか、『Art of 蔦重』（笠間書院）、『居酒屋 蔦重』（ORANGE PAGE MOOK）、『蔦屋重三郎と江戸文化を創った13人』（PHP文庫）など著書多数。2024年春、江戸風レンタルキッチンスタジオ「うきよの台所— Ukiyo's Kitchen —」をオープン。江戸料理の動画配信も行っている。

協力：いつか事務所

車浮代
オフィシャルサイト

YouTube
『うきよの台所
— Ukiyo's Kitchen —』

Staff
ブックデザイン　山之口正和＋齋藤友貴（OKIKATA）
編集協力　鈴木まり

仕事の壁を突破する
蔦屋重三郎 50のメッセージ

2024年12月31日　第1刷発行

著者　車浮代
発行者　矢島和郎
発行所　株式会社 飛鳥新社
〒101-0003
東京都千代田区一ツ橋2-4-3　光文恒産ビル
電話（営業）03-3263-7770　（編集）03-3263-7773
https://www.asukashinsha.co.jp

ISBN 978-4-86801-053-1

編集担当　藤井茜